국가 시스템 개혁

| 미래 도약을 위한 정통 경제관료의 국가혁신 제안 |

국가 시스템 개혁

최종찬 지음

나무한그루

머리말

나는 10회(1971년) 행정고시에 합격한 후, 1971년 12월 전매청 수습사무관으로 공직을 시작하여 2003년 말 건설교통부 장관을 마지막으로 공직을 마쳤다. 퇴직 후 민간연구원인 국가경영전략연구원장으로 3년여를 근무하였다. 공직생활 대부분을 경제개발 5개년계획 수립, 공정거래위원회 설립, 규제개혁 등 정책 관련 일을 하였다. 나의 중요 관심사는 자연스럽게 '국가 발전', '공공이익의 최대화'였다. "어떻게 하면 우리 국민이 골고루 행복하게 살 수 있을까?"

퇴직 후 시간적인 여유가 많아져서 가끔 여행도 하고 골프, 테니스, 바둑 등 취미 생활도 열심히 하였다. 그러나 한편으로는 내가 고위 공직자로서 우리 사회로부터 많은 혜택을 받았는데 나 자신만을 위해 여생을 보낸다는 것이 죄(?)스러운 생각이 들었다. 그래서 무엇인가 사회를 위해 봉사활동을 해야 한다고 생각했다. 복지관에서 어려운 사람을 위한 급식 봉사활동도 해 보았고 저소득층 자녀를 위한 공부방에서 강사 봉사도 하였다. 그 과정에 우리 사회 발전에 좀 더 유익한 봉사는 무엇일까? 고민해 보았다. 우리 사회에 필요한 일인데 다른 사람이 잘 안 하는 봉사활동을 하는 것도 의미 있겠다고 생각했다. 평생 공직 생활한 사람의 직업병(?)으로서 퇴직 후에도 정부 정책이나 사회현상의 변화에 대해 관심이 많았다. 자연히 우리 사회가 선진화되기 위한 각종 제도, 의식 등 개혁해야 할 과제가 많이 눈에 띄었다.

개혁해야 할 과제 중에는 현직 정치인이나 공무원이 문제점을 알면서도 현실적으로 기득권층의 반대가 심해 개혁을 기피하거나 해결 방법이 잘못된 경우도 많다. 또 곰곰이 따지고 보면 논리가 전혀 없는 엉터리 제도가 그럴듯한 제도로 인식되어 문제 제기조차 없는 경우도 많다. 헌법에 규정된 '국무총리 국무위원 임명제청권', ' 정당인은 교육감이 못 된다', '아파트 재건축 시 안전진단 제도'가 그와 같은 예이다. 아울러 현안 과제에 매몰돼 미래 지향적인 큰 과제가 중요함에도 당장 해야 할 일이 아니라고 소홀한 경우도 많다. '저출산', '국가부채 급증' 등이 그 예이다. 나는 그동안 공직생활 대부분을 경제기획원, 재정경제원, 공정거래위원회, 건설교통부, 국무총리실, 대통령비서실 등에서 정책 관련 일을 했다. 누구보다도 중요 정책 결정에 많이 참여했다고 생각한다. 따라서 각종 정책이나 제도, 재정지출 등이 여건 변화에 맞게 합리적으로 개혁되도록 문제 제기와 대안을 제시하는 것이 과거 국정 경험이 있는 나로서 할 수 있는 의미 있는 봉사라고 생각했다. 그 결과 기회가 있을 때마다 각종 신문 기고(동아일보 객원 논설위원 역임)

와 토론회 참여 등으로 나의 의견을 제시하였다. 그리고 〈선진사회 만들기 연대〉와 〈건전재정포럼〉의 공동대표를 하면서 국민의식 개혁 운동에 일조하였다.

우리나라가 선진화되려면 의식과 제도가 선진화되어야 한다. 정부의 규제나 일시적으로 도덕심에 호소하는 방식으로는 안 되고 우리 사회시스템이 합리적으로 바뀌어야 한다. 예컨대, 남북한 경제력의 차이는 자본주의, 시장경제의 남한과 공산주의, 정부계획의 북한 시스템의 차이이다. 주택가격이 안정되려면 주택 공급이 늘어나야 하는데, 문재인 정부 시절 재개발·재건축 규제를 강화하여 오히려 공급을 줄이는 대책을 추진하였다. 교육감 선거 시 우파 후보들의 총 득표율이 높은데도 후보가 난립하는 바람에 어부지리로 좌파 후보가 당선되는데도 결선투표제나 정당 공천제를 도입할 생각은 않고 되지도 않는 단일화 노력만 하고 있다. 초·중·고 학생은 급감하는데 예산은 계속 늘어나는 지방 교육재정교부금은 고칠 생각도 않는다. 매년 정기국회가 열리면 예산 낭비를 비판한다. 예산 낭비를 막으려면 기존 예산 집행에 대한 심층적인 결산이 필수적인데 그동안 결산을 잘하기 위한 시스템 개혁은 전혀 없었다. 대증요법이 아니라 위에서 몇 가지 예시한 바와 같이 국민의식 개혁과 시스템 개혁이 필요하다.

민주화 이후 대통령 선거, 국회의원 선거 등 각종 선거를 할 때마다 포퓰리즘적 정책이 난무하고 있다. 저출산·고령화 대책, 연금개혁, 노동개혁, 규제개혁 등 미래를 위한 개혁은 구호만 무성할 뿐이고 진전이 별로 없다. 미래를 위한 국가적 과제 발굴과 대책 추진에 국민적 역량이 집중되어야 한다.

이 책은 그동안 사회 개혁과 관련되어 내가 쓴 각종 글을 정리하였고 일부는 추가로 썼다. 일부 통계는 업데이트한 것도 있으나 게을러서 못한 것도 있어 양해를 구한다. 또한, 과제에 따라서 큰 방향만 제시하고 구체적인 대안은 미흡한 것이 있는데 이와 같은 과제에 대해서는 추후 문제의식에 대한 공감대 형성과 대안에 대한 광범위한 토론이 진행되기를 기대한다. 현직에 있을 때 거대 담론은 많아도 구체적 실천 방안이 없어 실망한 점이 많았다. 가급적 총론보다는 구체적 대안 제시에 주력하였다.

그동안 공직생활에 전념할 수 있도록 물심양면으로 도와준 나의 장인 임광수 회장님과 나의 아내 임재영, 그리고 많은 가르침을 준 공직 선배, 동료 여러분, 자료 점검 등으로 원고 정리를 도와준 NSI의 박상래 팀장에게 감사의 말씀을 드린다.

Contents

머리말 · 4

제1장
벌거벗은 임금님 같은 제도들

1-1. 왜 정당인은 교육감이 될 수 없나? · 15
1-2. 국무위원(장관) 임명에 국무총리 제청이 왜 필요한가? · 20
1-3. 주고 또 주는 이중지원 선거보조금, 국민 세금 횡령 아닌가? · 23
1-4. 아파트만 왜 안전진단하나? · 25
1-5. 모든 법안에 간섭하는 국회 법제사법위원회 · 27
1-6. 받지도 않은 배당금을 소득으로 산정한 의료보험료 · 29

제2장
경제 활력을 높여야

규제개혁

2-1. 정부는 항상 선(善)이고 만능인가? · 35
2-2. 가격은 원가에 의해 결정되는가? · 39
2-3. 우리 사회 팽배한 반(反) 시장경제 의식 · 43
2-4. 규제개혁, 소비자 이익이 최우선이다 · 47
2-5. 규제개혁 시스템을 획기적으로 바꾸어야 · 51
2-6. 글로벌 시대에 아직도 국적 규제해야 하나? · 55
2-7. 한국에서 돈을 벌 수 있어야 한국에 투자한다 · 59

노동개혁

2-8. 노동시장 유연성 제고와 사회안전망 강화(flexicurity)로
노사 대 타협해야 · 63
2-9. 불법 노동행위부터 근절해야 · 67
2-10. 매년 임금협상 해야 하나? · 70
2-11. 저출산·고령화 시대의 호봉제 · 73
2-12. 100세 시대, 평생교육 확대해야 · 75

서비스산업 육성

2-13. 제조업 한계를 서비스산업으로 돌파해야 · 78
2-14. 서비스는 공짜가 아니다 · 82
2-15. 미래 먹거리 산업, 관광 · 87
2-16. 사유재산 무시하는 정부 · 92

제3장

경제양극화 완화와 복지증대

3-1. 양극화가 포퓰리즘 조장한다 · 99
3-2. 자살률 세계 1위, 자살 예방 노력 최선 다했나? · 103
3-3. 보수도 평등, 복지 이야기해야 한다 · 107
3-4. 신분 상승이 어려워진 사회 · 111
3-5. 복지지출 효율성 높여야 : 보편적 복지 vs 선택적 복지 · 116

제4장

저출산 고령화 대책 획기적으로 강화해야

4-1. 최저 출산율로 대한민국이 소멸한다 · 123
4-2. 저출산은 정부의 안일한 대책으로 인한 인재(人災)이다 · 127
4-3. 세계에서 가장 강력한 저출산 대책 추진해야 · 131

제5장

주택 정책, 발상의 전환 필요

5-1. 주택 공급을 늘리고 수요를 분산해야 · 139
5-2. 재개발·재건축 활성화해야 · 143
5-3. 다주택자 없어지면 임차인은 집을 어디에서 구하나? · 146
5-4. 아파트 후분양제가 소비자에게 더 유리한가? · 150
5-5. 아파트 분양가 규제, 누가 이익을 보고 누가 손해를 보았나? · 154

제6장

교육시스템 전면 재검토

6-1. 초등학교 입학 시기 단축하고 국민 안식년 제도 도입해야 · 161
6-2. 학교에서 반드시 배워야 하는데 소홀히 하는 것들 · 167
6-3. 모든 국민이 창의적 인재가 되도록 사회시스템 바꾸어야 · 173
6-4. 국가부채는 급증하는데 교육청은 돈이 넘쳐난다 · 177

제7장

재정 건전성 강화

7-1. 재정원칙 무너진 문재인 정권, 어떻게 바로잡아야 하나? · 183
7-2. 미래세대 희생시키는 국민연금,
 서둘러 개혁하고 수익률에 집중해야 · 191
7-3. 정부관리 부실기업 조기에 민영화해야 · 196
7-4. 감사원을 재정 비효율 제거 컨트롤 타워로 · 199
7-5. 재정 건전성 유지가 유일한 통일비용 준비이다 · 205
7-6. 국가부채 무관심한 기성세대, 청년당이 나와야 · 209

제8장

정부와 정치를 혁신해야 한다

8-1. 정부는 구조적으로 비효율적일 수밖에 없다 · 217
8-2. 강력한 정부 개혁기구 설치 · 225
8-3. 개혁은 군사 작전처럼 · 228
8-4. 공무원을 춤추게 하라 · 233
8-5. 규제개혁보다 중요한 행정의 신속성 · 237
8-6. 방치된 세종시 공무원 비효율 · 242
8-7. 주요 법안, 정책에 발의자 이름 붙이자 · 245
8-8. 고령화 시대, 시급한 지방 행정조직 개편 · 248
8-9. 제왕적 대통령 폐해 막으려면 대통령 인사권 제한해야 · 251
8-10. 국회 포퓰리즘 막을 제도적 장치 · 256
8-11. 국회의원 수준=유권자 수준 · 260
8-12. 정의도 내로남불? · 263
8-13. 결선투표제 도입 · 267
8-14. 국민에게 쓴소리하는 정치인 나와야 · 269

제9장

사회적 자본을 확충해야

9-1. 거짓말이 난무하는 사회, 사회적 제제 강화해야 · 275
9-2. 의원 수갑 채우는 경찰이 한국에는 왜 없나? · 280
9-3. 조기 출퇴근으로 근무시스템 바꾸자 · 284

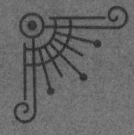

① 벌거벗은 임금님 같은 제도들
— 정당한 논리도 없고 세계적으로 유례도 없는 엉터리 제도들 —

우리 주변에는 많은 법률이나 제도들이 있다. 국민들은 당연히 그 제도들이 수많은 전문가 토론과 국회의 심의를 거쳐 만들어진 것이므로 나름대로 합리적인 논리가 있을 것이라고 생각한다. 그러나 실제로 '관련 법률에서 주장하는 논리가 타당한가?', '외국에는 유사한 사례가 있는가?'를 따져보면 전혀 논리가 없는 경우가 많다. 이와 같은 엉터리 법률이나 제도로 인해 국정 운용이 비효율적으로 되고 사회적 비용이 증가함에도 국민들은 그런 법률을 준수해야 한다고 생각한다. 우리나라에 수많은 전문가·지식인·언론인이 있는데 지금까지 누구 하나 이런 엉터리 제도에 문제 제기조차 없는 점은 이해하기 어렵다.

개혁해야 할 과제는 많다. 대부분의 개혁은 기득권층의 반발도 강력하고 현 제도도 나름의 논리를 갖추고 있어 추진이 쉽지 않다. 그러나 아래에서 제시하는 제도는 논리적 정당성이 전혀 없으면서 국민 생활과 관련이 많은 엉터리 제도들이다. 이것부터 고쳐나가자.

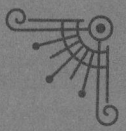

1-1. 왜 정당인은 교육감이 될 수 없나?
　　 교육정책에 영향력이 더 큰 대통령, 국회의원, 광역지자체 의원
　　 모두 정당인인데, 왜 교육감은 정당인이면 안 되나?
1-2. 국무위원(장관) 임명에 국무총리 제청이 왜 필요한가?
1-3. 주고 또 주는 이중지원 선거보조금, 국민 세금 횡령 아닌가?
1-4. 아파트만 왜 안전진단하나?
　　 멀쩡한 국도 옆에 고속도로 신설이 자원낭비 아닌가?
1-5. 모든 법안에 간섭하는 국회 법제사법위원회
　　 법사위원은 만능인가?
1-6. 받지도 않은 배당금을 소득으로 산정한 의료보험료
　　 조선 시대 '백골징포'와 무엇이 다른가?

1-1 왜 정당인은 교육감이 될 수 없나?

교육정책에 영향력이 더 큰 대통령, 교육부장관, 국회의원, 광역지자체 의원 모두 정당인인데, 왜 교육감은 안 되나?

2022년 6월, 지자체 선거와 함께 시·도 교육감 선거가 있었다. 보수·진보 진영에서 교육감 후보 단일화를 위한 노력을 적극적으로 하였다. 그 이유는 교육감 선거는 정당 공천이 없으므로 같은 성향의 후보가 난립할 경우 표가 분산되어 당선되기 어렵기 때문이다.

국민은 보수 교육감을 원하는데, 왜 매번 진보 교육감이 선출되나?

과거 진보계층은 후보 단일화에 성공했지만, 보수계층은 다수 후보가 난립하여 결과적으로 진보 후보가 당선된 경우가 많았다. 서울특별시가 대표적인 예이다. 진보계층인 현 교육감 조희연 후보가 38% 득표하였고 보수계층의 조전혁, 박선영, 조영달 후보는 합계 53%를 득표하였는데, 표가 분산되어 조희연 후보가 당선되었다. 이는 대의정치 뜻에도 맞지 않는다. 대다수 국민은 보수계층의 교육감을 원하였는데 불합리한 선거제도의 결과 진보계층의 교육감이 선출된 것이다.

만약 주요 정당 공천 후보가 있으면 후보 단일화 노력이 필요 없을 것이다. 그러면 왜 교육감 후보는 정당 공천이 없는가? 결론적으로 교육의 정치적 중립성이라는 말을 오해하여 아무 논리도, 세계적인 예도 없는 선거제도를 만든 데 원인이 있다.

교육의 정치적 중립성, 해석 똑바로 해야

헌법 31조 4항은 "교육의 정치적 중립성은 법률이 정하는 바에 의하여 보장된다."고 규정하였다. 이 규정은 교육이 정치적·개인적 편견을 전파하기 위한 방편으로 이용되어서는 안 된다는 뜻으로 해석된다. 현행 교육감 선거제도는 이것을 교육감은 정당인이 되어서는 안 된다는 것으로 해석한 것 같은데 논리적으로 타당치 않다. 교육정책에 가장 영향력이 큰 대통령과 교육부 장관은 정당인이 될 수 있다. 또한, 시·도 교육정책에 관한 각종 조례와 예산을 담당하는 시·도 광역의원도 정당인이 될 수 있다. 교육정책에 관한 중요 인사들 모두 정당인이 가능한데 굳이 교육감만 정당인이 안 된다는 논리는 무엇인가?

외국의 사례를 살펴보자. 대부분의 나라들은 지자체장이 지방교육도 담당하고 있는데 지자체장은 정당인들이다. 일본, 영국, 독일, 북유럽 국가들은 모두 지자체장이 교육을 책임지고 있다. 미국 같은 경우에도 대부분 지역에서 지자체장이 교육을 담당하고 있다. 우리나라와 같은 무소속 교육감 선거는 6개 주(州)에 불과하고 36개 주는 주지사 또는 주 교육의원이 교육감을 임명한다. 일전에 교육개혁으로 널리 알려진 한국계 워싱턴 D.C. 교육감 미셸 리(Michelle Rhee)도 시장이 임명한 교육감이다. 뉴욕시도 블룸버그 전 시장이 교육개혁을 진두지휘하였다. 일본은 현 지사가 교육위원을 임명하고 교육감은 교육위원이 선출한다.

재정 능력 없는 교육감 공약의 문제점

차제에 교육감 선거제도를 포함하여 지방 교육자치제도를 개혁해야 한다. 현재 우리나라는 지방자치와 지방 교육자치가 엄격하게 분리되어 있다. 지자체장은 교육에 지원은 할 수 있지만 모든 권한과 책임은 교육감이 가지고 있다. 주민의 최대 관심사는 초·중·고 교육인데 우리나라 지자체장과 지방의회의원들은 책임의식이 없다. '교육은 나의 일이 아니기' 때문이다. 교육자치가 제대로 되려면 재원 조달 능력이 있어야 하는데 우리나라 현실은 교육감이 지자체장의 도움 없이는 사업 추진이 곤란하다. 과거 **무상급식 재원 부담을 둘러싼 교육감과 지자체장의 갈등**이 좋은 예이다. 예컨대 전 김상곤 교육부 장관이 당시 경기도 교육감 선거 시 무상급식을 공약하여 당선되었다. 그 후 돈은 경기도가 내라고 하여 당시 김문수 경기도지사와 갈등이 생기게 되었다. 다른 지역에서도 이와 같은 갈등이 많았다. 재정 능력이 없는 교육감이 공약은 자기가 하고 돈은 지자체에서 책임지라고 하니 좋아할 리 없다.

　교육자치가 제대로 되려면 교육정책에 주민들의 의견을 반영할 대의기구가 있어야 한다. 그러나 현재는 교육위원도 없어서 자기 지역의 광역의원이 시·도 의회의 교육 상임위원이 아니면 의견 전달이 불가능한 형편이다.

지방자치, 지방 교육자치 통합해야

　지방자치와 지방 교육자치를 통합하여 지자체가 교육도 함께 책임지도록 제도가 바뀌어야 한다. 예를 들어, **교육감은 교육전문가 중에서 광역 지자체장이 광역의회의 동의를 얻어 4년 임기로 임명하거나, 시·도지사의 러닝메이트로 하는 방법**을 생각할 수 있다. 교육전문가가 정당 지원도 없이 개인적으로 시·도 등 광범위한 지역에서 직접 선거를 치른다는 것은 무리이다. 2022년 교육감 선거 시 가장 많은 비용을 지출한 경기도 교육감 후보는 46억 원을 사용하였다. 또 교육감 후보의 평균 선거비용은 10억8300만 원으로 시·도지사 후보 평균 9억800만 원보다 더 많았다.

　과거 수많은 교육감이 불법 선거와 선거자금 조달 과정의 비리로 임기를 못 마친 것이 좋은 예이다. 지방자치와 교육자치가 통합되면 **지자체장의 교육에 대한 책임의식**이 높아질 것이다. 우리 국민의 높은 교육열을 의식하여 경쟁적으로 교육투자를 늘릴 것이고 그 결과 공교육은 한층 충실해질 것이다. 현재 일부 시민단체가 정당 공천이 없는 현실에서 임시방편으로 교육감 후보 단일화 운동을 추진하고 있다. 선거 때마다 단일화 운동을 할 것이 아니라 근본적으로 교육감 선거제도를 개혁해야 한다. 세계적 유례도 없고 비합리적인 교육감 선거제도를 바꾸어야 한다.

1-2 국무위원(장관) 임명에 국무총리 제청이 왜 필요한가?

우리나라 대통령은 권한이 너무 막강하여 제왕적 대통령의 권한을 제한해야 한다는 주장이 많다. 그때마다 나오는 제안 중 하나는 국무총리의 국무위원 제청권을 실질적으로 보장해야 한다는 것이다. 즉 대통령이 각 부 장관을 마음대로 임명 못 하면 권한이 국무총리와 분산되어 권력 남용이 제한된다는 것이다. 과연 합리적인 대안인가?

헌법 제87조에 의하면 국무위원(장관)은 국무총리의 제청에 의해 대통령이 임명하도록 되어 있다. 헌법 학계에서는 이 규정이 구속력이 없다는 견해도 있지만, 현실적으로는 과거 모든 대통령이 형식적이나마 이 규정을 지켜오고 있다. 우리나라의 정치체제는 기본적으로 대통령중심제이지만 대통령의 권력 집중을 억제하기 위해 의원내각제적 요소를 상당 부분 도입하였다. 헌법 제87조도 이와 같은 맥락에서 도입되었다. 대통령중심제이지만 국무총리를 두고 임명 시 국회 동의를 받도록 하였고, 국무위원 임명도 국무총리의 제청을 받도록 하였다. 각종 법령과 검찰총장 등 주요 정부 인사 결정 시에도 국무회의 심의를 반드시 거치도록 하였다. 그러면 국무위원 임명 시 국무총리의 제청을 받도록 한 헌법 87조 규정은 합리적인 것인가?

논리도 없고 비현실적인 국무총리 장관 제청권

결론부터 말하자면 헌법 제87조는 타당성도 없고 비현실적이다. 대통령중심제에서는 대통령이 주도적으로 국정을 책임지고 운영하게 되어 있다. 복잡한 국정을 대통령 혼자서 결정할 수는 없으므로 관계 장관을 통하여 국정을 운영한다. 그런데 대통령에게 국정을 책임지라고 하면서 장관 임명도 독자적으로 못하고 국무총리의 제청을 받도록 한 것은 **책임은 지우고 권한은 인정 않는 것**이다. 자기 핵심 참모도 마음대로 못 쓰면서 어떻게 국정을 운영하란 것인가?

모든 조직 운영에 있어 인사권은 가장 기본적인 권한이다. 더구나 국무총리는 국민이나 국회가 선출한 사람이 아니고 대통령이 임명한 사람이다. 국무총리의 천거는 참고할지언정 반드시 따라야 할 이유는 없다고 본다. 현행 헌법에 의하면 우리나라 대통령은 제왕적 대통령이 아니라 자기 참모도 마음대로 임명 못 하는 허약한 대통령이다. 현재의 제도는 대통령이 인재를 널리 발굴하고 인사권을 남용하지 말라는 취지인데 **이미 대통령 인사권의 견제 장치는 충분히 되어 있다**. 국무총리 임명 시 국회 동의를 필수적으로 하고 장관 임명 시에도 국회 청문회를 반드시 거치도록 하였다.

또 국무총리가 대통령보다 각부 장관 후보자에 대해 더 잘 알고 있지도 않다. 예컨대 교육계 출신 국무총리가 경제부처 장관, 외교·국방장관 후보자를 대통령보다 더 잘 알고 있는가? 실제로는 국무총리의 장관 제청은 형식적이어서 대통령이 자기 마음대로 장관을 임명한다. 임명받은 국무총리가 대통령의 뜻을 거역하기는 어려울 것이다. 역대 대통령 중 헌법 규정을 지킨 사람은 한 사람도 없고 앞으로도 없을 것이다. 세계적으로 유례도 없다.

쓸데없는 고생 그만해야

왜 논리적 타당성도 없고 지키지도 않는 헌법 규정을 만들어 쓸데없는 고생을 하는가? 법 준수를 경시하는 풍조만 조장한다. 개헌 논의가 숱하게 되고 있으나 이런 문제 제기는 없는 것 같다. 대통령의 권한 집중 견제만 생각해서 나온 잘못이라고 생각된다. 이런 엉터리 같은 제도가 각종 공청회, 국회 의결, 국민투표까지 어떻게 통과했는지 이해가 안 간다. 불합리한 제도를 만들어 놓고 이를 지킨다는 명분으로 국정 효율을 떨어뜨리는 일은 그만해야 한다.

1-3 주고 또 주는 이중지원 선거보조금, 국민 세금 횡령 아닌가?

우리나라는 정당이 부정한 정치자금으로 인해 부패하지 않도록 정당 운영비를 국민의 세금으로 지원하고 있다. 매년 경상보조금을 지원하고 대통령 선거 등 각종 선거 시 선거보조금을 지원한다.

2022년의 경우, 대통령 선거와 지자체 선거가 있었다. 의석 수를 감안해서 5개 정당에 선거보조금 465억 원을 지급했고, 경상보조금으로 7개 정당에 116억 원을 지급하였다. 그런데 선거 후 유효득표 15% 이상인 민주당과 국민의힘은 선거비용을 보전받았다. 이처럼 선거 때마다 주요 정당은 국민의 세금을 두 번 받는다. 만일 민간이 동일한 용도로 국민의 세금을 두 번 받으면 처벌받고 부당하게 받은 보조금은 반납해야 할 것이다. 그런데 국민을 위한다는 정당은 선거를 빌미로 세금으로 정당 재산을 늘리고 있다. 실제로 민주당과 국민의힘은 선거 후 재산이 100억 원씩 늘었다.

정당이 후안무치한 것은 잘못을 알고도 고치지 않는다는 점이다. 그동안 선거관리위원회는 선거비용 보전이 이중 지급이라고 지적하여 선거비용 보전 시 미리 지급한 선거보조금은 공제한 후 지급토록 관계법 개정을 권고하였다. 박병석, 정병국 의원 등이 법률 개정을 제기한 바 있으나 지금까지 제대로 심의조차 안 하고 있다.

말끝마다 국민의 세금 낭비를 감시한다는 국회의원들이 선거 때마다 국민의 세금을 횡령(?)하여 정당 재산을 늘리는 몰염치한 행위를 지속하고 있다. 조속히 개선해야 한다.

1-4 아파트만 왜 안전진단하나?
멀쩡한 국도 옆에 고속도로 신설이 자원낭비 아닌가?

오래된 아파트 단지를 지나가다 보면 '경축 안전진단 통과'라는 현수막을 종종 볼 수 있다. 그 뜻은 아파트가 안전해서 계속 거주할 수 있다는 것이 아니라 노후화되어 재건축해도 된다는 것이다. 우리나라에서는 아파트가 불안전하다는 증명을 받아야 재건축을 할 수 있다. **붕괴할 우려가 없으면 아무리 불편해도 참고 살라는 것**이다. 그러면 아파트 건축 시 왜 안전진단이 필요한가?

그 이유는 멀쩡한 아파트를 재건축하는 것은 자원낭비라는 것이다. 이 논리는 왜 아파트에만 적용되는가? 가구, TV, 핸드폰, 자동차 등은 아직 쓸만한데도 새 제품으로 교체하는 경우가 흔하다. 건축물도 단독주택, 빌라, 빌딩, 상가 등은 낡고 불편한 경우 재건축할 수 있는데 이때 아파트 재건축 같은 규제는 없다. 최근 강남지역에 리모델링한 지 얼마 안 된 호텔들을 주거시설로 변경하려고 부수고 새로 짓는 경우가 많다. 이것은 자원낭비가 아닌가?

멀쩡한 아파트를 재건축하는 것이 자원낭비라면 그보다 더한 것은 각종 도로, 철도 등 SOC 건설이다. 서울에서 동해안 가는데 기존에 지방도, 국도를 건설한 지 얼마 안 되고 통행하는 데 아무 불편도 없는데 인근에 고속도로와 KTX 같은 철도를 또 건설한다. 기존의 시설을 사용 못 해서가 아니라 단지 통행시간을 일부 단축하려는 것이다. 아파트 재건축은 기존의 토지를 재활용하는 것이고 일부 시멘트와 건축자재가 신규로 투입된다. 그러나 국토가 협소한 우리나라에서 도로, 철도를 건설하기 위해서는 귀한 자원인 농지와 산지가 엄청나게 훼손된다. 통행시간 단축을 위한 농지, 산지 훼손은 자원낭비가 아니고 일상생활에 가장 중요한 주택이 불편하여 기존 토지를 재활용해 개선하는 것은 자원낭비인가?

안전진단을 안 한다고 아파트 재건축을 무제한 허용하라는 뜻은 아니다. 재건축에 필수 요건인 용적률 규제 등은 필요하다. 재건축 심의 시 상·하수도 시설용량, 교통여건 등 전반적인 도시계획 여건 검토는 당연히 해야 한다. 결론적으로 **재건축 시 다른 요건은 충족되는데 안전진단을 이유로 불허하는 일은 없어야 한다**.

1-5 모든 법안에 간섭하는 국회 법제사법위원회
법사위원은 만능인가?

민주화 이후 국정 운영에서 국회의 역할이 크게 확대되었다. 그런데 우리나라 국회는 정쟁만 일삼고 문제 해결은 뒷전인 비생산적인 국회가 되었다. 예컨대 국회의원 선거가 끝나면 국회의장과 각 상임위원장 선출을 해야 하는데 이것이 일정한 룰 없이 매번 협상을 통해 결정된다. 당시 여건에 따라 지루한 협상이 이루어진다. 그 중 항상 문제가 되는 것이 법사위원장을 어느 당이 차지하는가이다. 왜 법사위원장이 그렇게 중요한가?

무소불위의 법사위

그 이유는 법사위가 정당한 논리도 없이 모든 법안의 입법 심사를 하고 있기 때문이다. 모든 법률은 원칙적으로 법사위 심의를 거치게 되어 있다. 법사위 심의를 의무화한 취지는 각종 법률이 법체계에 맞는지, 법률 상호 간 충돌은 없는지 등을 법사위에서 심의토록 한 것이다. 정부 각 부처의 법안들을 법제처 심의를 거치도록 한 것과 같다. 그러나 실제로는 법체계, 자구 수정 등과 무관한 정책적 판단에 대해서도 법사위가 마음에 들지 않으면 심의·의결을 거부하고 있다. 예컨대 세법 개정안의 경우 세율에 대해 법사위가 심의하는 것이다. 세율 결정은 기획재정위 소관이며 법체계 등과 관련이 없는 한 법사위 권한이 아니다. 그러나 현실적으로는 법사위가 법률 내용까지 심의하고 있다. 따라서 소관 상임위에서 여야 합의로 통과된 법률이 법사위에서 통과 안 되는 경우가 많이 나오고 있다. 그동안 관례상 법사위원장은 야당이 맡고 있는데 위원장이 반대해서 많은 법안이 법사위 심의 과정에서 보류되었다. 법사위의 월권은 여야를 막론하고 다른 상임위 위원들도 개선 필요성을 제기하고 있다.

야당을 위한 법사위 권한에 멍드는 대한민국

위의 문제는 이미 언론과 전문가들이 지적해왔고 개선 필요성에 대한 공감대도 확산되고 있다. 그럼에도 문제가 해결되지 않는 것은 현재의 제도가 야당에 유리해서 고치는 것을 반대하기 때문이다. 법사위원장을 관례상 야당이 맡으면서 법사위 심의 권한을 활용해 모든 법안의 심의를 지연 또는 봉쇄할 수 있었다. 각 상임위가 심도 있게 심의하여 의결한 법안을 전문성도 없는 법사위가 시비를 걸어 입법이 지연된 경우가 너무도 많다. 각종 경제, 사회 변화에 신속히 대응하기 위해서는 모든 법안을 법사위에 회부하도록 되어 있는 현행 제도는 없어져야 한다. 법률체계 정비, 자구 수정 등을 바로잡기 위해서는 정부의 법제처와 같은 기구를 두면 될 것이다.

1-6 받지도 않은 배당금을 소득으로 산정한 의료보험료

조선시대 '백골징포'와 무엇이 다른가?

고령화로 의료보험 지출이 늘어남에 따라 건강보험료 부담이 급속히 늘어나고 있다. 예컨대 직장인들이 근로소득 외에 이자, 배당소득 등 기타 소득이 2,000만 원을 초과하면 직장보험료 외에 지역의료보험료를 추가로 납부해야 한다. 과거에는 보수 외 소득이 7,200만 원 이상인 고액 소득자만 해당되었는데, 현재는 2,000만 원으로 낮아져서 많은 직장인이 이에 해당된다. 또 각종 소득이 2,000만 원 이상이면 피부양자에서 탈락하여 별도로 보험료를 내야 한다.

배당소득 산정의 비밀

문제는 각종 소득을 합산할 경우 배당소득이 실제로 받는 금액보다 11% 높게 산정되어 있는 것이다. 예컨대 주식투자를 하여 배당금이 100만 원이면 배당소득세 15.4%를 공제하고 84만 6천 원을 받는다. 그런데 의료보험료 산정 시에는 배당금보다 11% 높은 111만 원을 배당소득으로 산정한다.

그 이유는 국민건강보험법 시행령 제41조 제1항에 '배당소득은 소득세법 17조의 배당소득으로 한다.'라고 규정하고 있다. 소득세법 제17조는 실제 받은 배당소득의 111%를 배당소득으로 규정하고 있다. 소득세법에서 그렇게 규정한 것은 법인세 납부 후 이익금을 배당하면서 다시 배당소득세를 과세하는 것은 이중과세에 해당하므로 납세자 부담을 덜어주기 위한 세금 계산상 과정의 일환이다. 예컨대 소득세율이 30% 구간인 사람이 100만 원을 배당받은 경우, 종합소득세 계산 시 위의 예에서 11만 원을 높여 3.3만 원(11만 원의 30%)을 종합소득세에 추가한 후 가상으로 추가한 11만 원을 공제해 결국은 종합소득세가 7.7만 원(11만 원 – 3.3만 원) 줄어든다. 소득세법 17조의 배당소득은 종합소득세를 경감해 주기 위한 계산상의 가상소득인데 이로 인해 불필요한 오해가 초래되고 있다.

보건복지부 주장의 오류

보건복지부는 현행 제도가 법인 형태가 아닌 개인사업자와의 형평을 위한 것이라고 주장한다. 개인사업자와 형평성 운운하는 복지부 주장이 부당함은 다소 복잡한 설명이 필요하다. 그러나 그것을 설명하기에 앞서 국세청은 소득세 부과 시 보건복지부가 주장하는 바와 같이 배당금액의 111%가 아니라 실제 받은 금액만을 소득으로 규정하고 있다는 사실만으로 복지부 주장이 부당함은 충분히 설명된다. 즉 국세청은 소득세법 17조와 무관하게 실제로 받은 배당금액만 기준으로 과세한다. 배당소득세 부과 시 위의 예에서 100만 원을 배당소득으로 인식하여 과세하고 금융소득이 2,000만 원 초과 시 종합소득세 과세대상이 되는데 이때도 실제 배당금액이 기준이 된다.

결론적으로 **국가가 받지도 않은 소득을 기준으로 의료보험료를 과대하게 징수하고 있다**. 이로 인해 수많은 국민이 부당하게 피부양자 자격을 잃거나 직장보험료에 추가하여 지역의료보험료를 내고 있다. 국민 부담을 덜어준다고 재난지원금을 주거나 세금 감면으로 생색내기보다 조선 시대 백골징포 같은 행위부터 개선해야 한다.

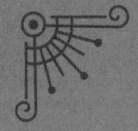

② 경제 활력을 높여야
― 경제 성장 없이는 복지, 분배 없어 ―

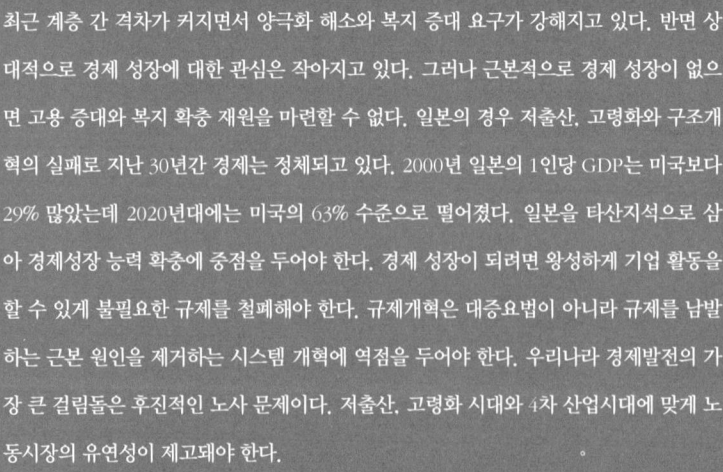

최근 계층 간 격차가 커지면서 양극화 해소와 복지 증대 요구가 강해지고 있다. 반면 상대적으로 경제 성장에 대한 관심은 작아지고 있다. 그러나 근본적으로 경제 성장이 없으면 고용 증대와 복지 확충 재원을 마련할 수 없다. 일본의 경우 저출산, 고령화와 구조개혁의 실패로 지난 30년간 경제는 정체되고 있다. 2000년 일본의 1인당 GDP는 미국보다 29% 많았는데 2020년대에는 미국의 63% 수준으로 떨어졌다. 일본을 타산지석으로 삼아 경제성장 능력 확충에 중점을 두어야 한다. 경제 성장이 되려면 왕성하게 기업 활동을 할 수 있게 불필요한 규제를 철폐해야 한다. 규제개혁은 대중요법이 아니라 규제를 남발하는 근본 원인을 제거하는 시스템 개혁에 역점을 두어야 한다. 우리나라 경제발전의 가장 큰 걸림돌은 후진적인 노사 문제이다. 저출산, 고령화 시대와 4차 산업시대에 맞게 노동시장의 유연성이 제고돼야 한다.

(규제개혁)
2-1. 정부는 항상 선(善)이고 만능인가?
2-2. 가격은 원가에 의해 결정되는가?
2-3. 우리 사회 팽배한 반(反) 시장경제 의식
2-4. 규제개혁, 소비자 이익이 최우선이다
2-5. 규제개혁 시스템을 획기적으로 바꾸어야
2-6. 글로벌 시대에 아직도 국적 규제해야 하나?
2-7. 한국에서 돈을 벌 수 있어야 한국에 투자한다

(노동개혁)
2-8. 노동시장 유연성 제고와 사회안전망 강화(flexicurity)로 노사 대 타협해야
2-9. 불법 노동행위부터 근절해야
2-10. 매년 임금협상 해야 하나?
2-11. 저출산·고령화 시대의 호봉제
2-12. 100세 시대, 평생교육 확대해야

(서비스산업 육성)
2-13. 제조업 한계를 서비스산업으로 돌파해야
2-14. 서비스는 공짜가 아니다
2-15. 미래 먹거리 산업, 관광
2-16. 사유재산 무시하는 정부

2-1 정부는 항상 선善이고 만능인가?

정부의 실패가 시장 기능의 실패보다 크다

지난 문재인 정부 시절 각 분야에서 정부의 개입이 강화되었다. 공무원과 공기업 직원 채용을 대폭 늘렸다. 국가부채가 급격히 늘었다. 최저임금을 급격히 올렸다. 정부와 공기업부터 비정규직 근로자의 정규직 전환을 강력히 추진했다. 주 52시간 근로시간 단축을 법령으로 추진했으며, 아파트 분양가 등 각종 제품 및 서비스 가격의 규제가 강화되었다. 이와 같이 정부의 기능이 확대된 배경은 최근 실업이 증가하고 경제 양극화가 심화 되었는데 그 원인이 경제활동을 지나치게 시장 기능에 맡긴 탓이라 인식했기 때문이다. 그 대안으로 정부의 역할을 증대시켰는데, 그렇다면 과연 정부는 이러한 문제를 잘 해결하고 있을까?

시장 기능 무시한 정부 개입의 위험성

정부의 섣부른 개입은 문제를 악화시킬 뿐이다. 일자리가 늘어나고 임금이 올라가려면 경제가 활성화되어야 한다. 이를 위해서는 규제 완화와 노동시장 유연성 등 기업 여건 개선이 이루어져야 할 것이다. 그런데 최저임금의 급격한 인상, 비정규직 근로자 정규직화, 주 52시간 근로시간제 등 기업 현실을 무시한 시책을 강행하면 기업의 수익성은 악화될 것이다. 기업의 여건 개선 없이 규제만 늘어나니 일자리 창출은커녕 기존 일자리마저 위협받았다. 편의점, 식당 아르바이트, 아파트 경비원 등이 해고되고, 인건비 절감을 위한 자동화와 기업의 해외 이전이 늘어나고 있다. 그 결과 경제 양극화는 심화되었다. 대학 시간강사의 처우 개선을 위해 월급 인상과 신분보장을 강화하는 대책을 추진하였는데, 재정 사정이 어려운 대학은 시간강사를 대폭 줄여 이들을 더욱 어렵게 하였다. 이념에 치우쳐 시장 기능을 무시한 정부 개입이 문제를 더욱 악화시키고 있다.

정부에 대한 막연한 기대와 환상

민간은 사리사욕을 추구하는 반면 공직자들은 사심 없이 공익을 위해 헌신하므로, 정부는 민간보다 더 공정하고 효율적으로 잘 할 것이라고 생각한다. 과연 그런가? 대부분의 공직자가 공공의 이익을 위해 일하는 것은 사실이다. 그러나 **공공부문은 구조적으로 경쟁도, 도산 염려도, 주인 정신도 없어서 무책임, 비효율의 가능성은 민간보다 더 심하다**고 볼 수 있다. 세계 어느 나라나 일반적으로 정부나 공기업이 민간기업보다 비효율적이다. 예컨대, 매출이 1조 원 이상 되는 공기업 사장이 인력을 구조 조정해서 수백억 원의 경비를 절감한다고 누가 알아주나. 직원들에게 비난만 받고 정권 바뀌면 어차피 그만둬야 하는 것 아닌가?

거액의 부채가 있는 서울교통공사는 고용세습 비리에 더해 경비 절감을 위한 무인 승차 추진도 반대하였다. KBS는 전 직원의 50% 이상이 간부급으로 억대 연봉자인데 구조개혁 노력은 없다. 농촌의 인구 감소로 인해 강원도의 모 학교는 학생 30명에 교직원이 32명이다. 전국에 교직원이 학생보다 많은 학교가 45교나 있다. 쌀이 생산 과잉인데도 구조조정을 게을리해서 쌀을 수매가격의 10% 수준으로 인하하여 사료용으로 매각하기도 한다. 이렇게 엄청난 국고 손실이 발생하는데도 정치권은 농민 표를 의식해서 과잉 생산된 쌀을 여전히 전량 수매하려 하고 있다. 7조 원 들여 김해공항 확장하면 될 일을 부산시장 선거 표를 의식하여 14조 원 이상 들어가는 가덕도 공항을 추진하고 있다.

큰 정부가 아닌 효율적인 정부가 되어야

정부의 무분별한 확대는 기업 활동의 위축 등 사회의 역동성을 저해한다. 공무원이 늘어나면 자기들 권한 확대를 위해 기업 활동 규제가 늘어나고 재정지출도 확대될 것이다. 민간이 요긴하게 쓸 돈을 거두어 정부나 공기업이 비효율적으로 쓰면 경제는 더 어려워지게 된다. 그렇다고 정부와 공기업의 재정활동이나 정부 규제가 다 필요 없다는 것은 아니다. 국방, 치안, 외교, 도로, 철도 등 인프라 건설, 복지제도 등 민간부문이 할 수 없는 분야는 국가가 해야 한다. 기업 활동에 관해서도 소비자 보호, 안전, 환경보전 등을 위해 규제가 필요한 부문도 있다. 그러나 정부가 직접 개입하는 경우 우선 시장 기능을 보완하는 데 주력하고 정부의 직접 개입은 신중해야 한다. 큰 정부보다 효율적인 정부가 되어야 한다. 이를 위해서는 재정개혁, 공기업 개혁 등 정부 혁신이 선행되어야 한다. 과거 쏘련과 모택동 시대의 중국, 북한이 강력한 국가 개입주의로 못살게 된 것은 모두 아는 역사적 사실이다. 정부가 항상 선한 것도 아니고 만능도 아니다.

2-2 가격은 원가에 의해 결정되는가?

최근 제품이나 서비스 가격이 올라가면 시민단체 등이 가격 안정대책으로 원가 공개를 요구하고 있고, 많은 국민이 이를 지지하고 있다. 아파트 분양가 원가, 통신요금 원가, 프랜차이즈 치킨 업체 원가 공개 등이 대표적 예이다.

원가 공개 요구 = 가격 규제 요구

원가 공개를 요구하는 배경은 처음부터 가격 규제를 요구하는 것이 시장경제 원리에 배치된다고 생각하여 일단 원가부터 공개하고, 그 후 이윤이 많다고 생각되면 가격 규제를 요구하려는 것으로 이해된다. 원가 공개 요구가 국민의 알 권리 주장이나 투명성 제고라는 면에서 가격 규제를 하라는 것보다는 훨씬 명분이 있어 보인다. 그러나 원가 공개 다음 단계는 가격 규제이므로 원가 공개 요구는 가격 규제 요구와 크게 다를 바 없다.

가격 = 원가 + 적정이윤?

다수의 국민은 원가 공개를 한 후 기업이 과도한 이윤을 챙긴다고 판단되면 정부가 나서서 가격 규제를 해야 한다고 생각한다. 이와 같은 경제 의식은 과연 합리적이고 문제가 없는 것인가? 우리나라 국민은 세계 어느 나라 국민보다 교육 수준이 높다. 우리 국민 대부분이 고졸 이상의 학력을 가졌고 고졸자의 70% 이상이 대학에 진학한다. 따라서 기본적인 경제 원리는 모두 배웠다. 그런데 모든 경제 교과서에서 가격은 수요와 공급에 의해 결정되지 원가+적정이윤이라고 하는 경우는 없다. 그러나 일상생활에서는 **많은 국민이 가격은 원가+적정이윤이라고 믿고 있다**. 일부에서는 이러한 믿음이 무슨 큰 문제냐고 할지 모르지만 이와 같은 기본적인 경제 인식의 왜곡은 국민 생활에 많은 부작용을 초래하고 있다.

잘되면 적정이윤, 잘못되면 무한 책임

제품과 서비스의 가격이 원가+적정이윤이라고 믿으면 이윤 규제에 집중하게 된다. 그 결과 수요와 공급의 조절로 가격을 안정시키는 기본 원리를 등한시하여 장기적으로 가격 안정을 저해하는 잘못을 저지르게 된다. 고품질 새 아파트 수요가 늘어나 재건축 대상 아파트 가격이 오른다고 이를 규제하면 향후 고품질 아파트 공급은 부족하여 가격은 더욱 오를 것이다. 국민들은 어떤 제품이든 가격이 오르면 수시로 정부에 원가 공개와 가격 규제를 요구할 것이다. 이런 경우, 기업은 원가를 절감하거나 제품을 혁신할 동기를 잃고 만다. 원가를 절감하면 그만큼 가격을 낮추라고 하는데 왜 원가를 절감하겠는가? 예컨대 아파트 분양가 허가 시 적정이윤을 10% 인정할 경우 평당 분양원가가 1,000만 원이면 100만 원의 이익을 보게 되고, 분양원가가 2,000만 원이면 200만 원의 이익을 보게 된다. 이 경우 분양원가가 낮을수록 이익도 적어진다. 새로운 아이디어로 제품이나 서비스의 품질이 나아져도 원가가 안 올라가면 가격도 더 못 받아 혁신할 인센티브가 없다.

이것은 더 나아가 기업의욕 자체를 저해한다. 기업가는 많은 위험 부담을 안고 투자하고 있는데 가격 규제를 할 경우, 모든 여건이 좋아서 잘 되더라도 기업은 적정이윤(예. 10~15%)만 벌게 된다. 하지만 불황 등으로 수요가 위축되어 손해가 발생할 때는 기업은 무한 책임을 져서 도산에 이르기도 한다. 예컨대 아파트 건설의 경우 2008년 금융위기 당시 분양가 규제로 건설회사의 이윤을 규제했는데 금융위기로 수요가 위축되면서 수많은 건설회사가 줄도산하였다. 잘되면 적정이윤, 잘못되면 무한 책임이라면 기업의욕이 활성화되겠는가?

어설픈 정부 개입의 부작용

또 다른 부작용은 공무원의 부정부패를 조장한다. 기업은 원가 절감이나 제품 혁신에 노력하기보다는 공무원의 가격 규제를 피하는 데 주력하게 된다. 원가를 실제보다 높게 책정한 뒤 비싼 가격을 허가받기 위해 담당 공무원을 대상으로 로비를 할 것이다. 담당 공무원은 평소에 익숙지도 않은 제품이나 서비스 가격의 원가를 어떻게 정확히 알 수 있겠는가? 기업이 제출한 자료에 의존할 수밖에 없고 전문성도 없어 그들의 주장을 반박하기도 어려울 것이다.

그러면 물가 안정을 위해 어떻게 해야 하나? 기본적으로는 금리나 통화량 조절, 재정 긴축 등 거시정책을 조정해야 한다. 또한, 특정 제품이나 서비스의 가격 안정을 위해서는 공급 확대와 수요 축소를 추진할 수 있다. 공급 확대를 위해서 규제 완화를 통한 경쟁촉진, 수입 확대 등을 추진한다. 경쟁을 회피하기 위한 담합 등을 단속해야 한다. 독과점 등으로 다른 유효한 수급조절 정책이 없을 경우 최후의 수단으로 가격 규제는 필요하다. 전기 요금이나 고속도로 통행료같이 독점인 경우 정부의 가격 규제는 불가피하다. 그러나 치킨 가격과 같이 **치열한 경쟁이 이루어지는 시장에서는 정부가 가격 규제를 할 이유는 없다**. 정부가 규제를 할 경우에도 원가 공개는 영업 비밀 공개 등 부작용이 우려됨으로 신중해야 한다. 시장 기능이 완벽한 것이 아니지만 어설픈 정부 개입의 부작용 또한 심각하다. 국민이 시장 기능의 신뢰 없이 불합리한 정부 규제를 요구하는 한 자유로운 기업 활동과 경제 활성화는 어렵게 된다.

2-3 우리 사회 팽배한 반(反) 시장경제 의식

각국 정부는 기업들이 새로운 변화에 빨리 대비할 수 있도록 각종 기업규제와 노동규제를 개혁하는 등 기업 여건을 개선하고 있다. 독일은 이미 슈뢰더 개혁을 통해 노동시장 유연성을 증대시켰고, 일본도 아베노믹스를 통해 각종 규제를 대폭 완화하였다. 미국은 트럼프 대통령 시절 신설 규제 하나 하려면 기존 규제 둘을 없애는 방식으로 규제개혁을 강화하였다. 프랑스 마크롱 대통령도 노동규제를 대폭 완화하고 있다. 아울러 기업에 대한 조세 부담 완화를 위해 대부분 국가는 법인세를 인하하고 있다.

세계적 트렌드와 거꾸로 가는 대한민국

그러나 우리나라는 문재인 정부 시절 세계적인 흐름과 반대로 갔다. 경제 양극화 해소를 명분으로 정부 중심의 소득 주도 성장을 추진하였다. 급격한 최저임금 인상, 비정규직의 정규직화, 성과연봉제 취소, 해고 규제의 강화, 아파트 분양가 규제 강화, 법인세·소득세 인상, 공무원 대폭 증원 등 기업의 경영 활동을 위축시키는 규제를 강화했다. 반면에 세계 각국이 추진하는 규제개혁과 노동개혁은 과거보다 후퇴시켰다. 일전에 박용만 전 대한상의 회장은 20대 국회에서 발의된 1,000여 건의 법안 중 700여 건이 규제 법안이라고 밝혔다. 최근 윤석열 정부 들어 규제개혁을 추진하고 있지만, 아직 가시적인 성과는 나타나지 않고 있다.

반(反)기업, 반(反) 시장경제 의식이 확산된 원인

그동안 정부가 반 기업적, 반 시장경제 정책들을 많이 추진한 것은 일부 정책당국자만의 생각이 아니고 우리 사회 저변에 이와 같은 인식이 팽배하기 때문이다. 경제발전에 따라 경제 양극화의 심화, 사회적 유동성의 약화 등 부작용이 커졌다. 전교조 등 좌파 계층이 이와 같은 문제점을 시장경제 체제에 기인한 것으로 오도함으로써 우리 사회에서 반 기업, 반 시장경제 의식이 확산되었다. 예를 들어, 국민 의식조사에 의하면 기업의 존립 목적이 이윤추구라는 응답은 30%에 불과하다. 최근 기업의 사회적 책임을 강조하다 보니 기업의 목적이 이윤추구가 아니고 고용 증대와 소비자 후생 증진 등에 있다고 생각하는 사람이 많다. 과연 창업하는 사람의 목표가 이윤추구보다 국가 사회 기여에 있을까?

기업은 공공기관이 아니다

경제 원리에 의하면 가격은 수요와 공급에 의해 결정된다. 그러나 세계적으로 교육 수준이 높은 우리나라 국민은 가격은 원가+적정이윤으로 생각하는 것 같다. 최저임금 인상과 비정규직의 정규직화도 마찬가지이다. 임금과 고용형태의 결정은 고용주와 피고용자의 사적인 계약에 의해서 결정되는 것이 원칙이다. 현실적으로 저소득 근로자의 근로여건이 열악하고 고용주에 비해 그들의 교섭능력이 미약하므로 정부가 정책적으로 개입하여 취약계층을 도와주어야 한다는 점은 누구나 인정한다.

  문제는 정부 개입의 방식과 정도이다. 기본적으로 정부는 기업들이 최저임금을 올려주고 정규직화할 수 있도록 여건을 만들어주어야 하는데, 기업 여건 개선 노력은 별로 없이 정부 규제를 통해 해결하려고 한다. 기업 부담이 느는 것에 대해서는 나 몰라라 한다. 그 결과 최저임금 인상의 영향으로 경비원 등 저소득 근로자의 감원이 초래되고 있다. 외국인 투자를 유치한다면서 외국인 기업이 돈 벌고 철수하면 '먹튀'라고 비난한다. 공무원을 늘려 일자리를 창출하는 것은 재정 수입이 없으면 지속할 수 없다. 재정 수입은 기업 활동 없이 불가능하다. 위의 몇 가지 사례를 볼 때 많은 국민이 기업을 영리 추구 조직이 아닌 정부 기관으로 생각하는 듯하다. 사유재산권과 기업 활동은 공공의 이익을 위해 규제할 수 있다. 그런데 현재 우리나라는 반 기업적, 반 시장 경제적 의식으로 각종 규제가 지나쳐 기업의욕과 근로의욕이 저해되고 있다.

잘못된 경제의식 바로잡아야

안타까운 것은 우리 사회에 반 기업적, 반 시장경제 의식이 널리 확산되어 있는데 이것에 대한 문제 인식조차 제대로 없다는 것이다. 정치권은 정치적 목적으로 반 시장적 정책을 남발한다. 학교에서도 기업의 사회적 책임을 강조하면서 시장경제에 대한 교육은 소홀히 한다. 기업들은 규제개혁을 요구하면서도 반 시장적 국민 인식 개선을 위한 교육 투자에는 관심이 없다.

경제 의식 개혁이 시급하다. 반 시장경제 의식이 팽배한 상황에서는 기업 활성화와 경제발전이 될 리 없다. 학교 교육부터 교과과정을 개편해 시장 기능에 대한 교육을 강화해야 한다. 언론과 뜻있는 시민단체들이 경제 의식 개혁에 적극적으로 나서야 한다. 기업들도 반 기업 정서를 개탄만 할 것이 아니라 이와 같은 운동에 재정 지원 등으로 적극적으로 참여해야 한다. 과거 미국도 반 시장주의적 의식이 확산하는 것을 방지하기 위해 민간 주도하에 헤리티지재단 설립과 초·중·고 학생에 대한 경제교육을 강화한 바 있다. '기본으로 돌아가라(Back to the Basic)' 형평을 강조하고 시장경제를 무시한 정부 주도의 공산주의가 왜 망했는지, 역사적 교훈을 생각해야 한다.

규제개혁

2-4 규제개혁, 소비자 이익이 최우선이다

역대 정부가 경제 활성화를 위해 규제개혁을 추진하고 있지만, 그 성과는 기대에 못 미치고 있다. 규제개혁이 안 되는 가장 큰 이유는 **기득권 생산자들의 반대** 때문이다. 예컨대 의료 서비스 향상과 의료관광 활성화를 위한 원격진료 허용은 동네 의사들의 반대로 수년째 안 되고 있다. 의료 수요가 대형병원으로 쏠리는 것을 우려한 것이다. 처방전이 필요 없는 의약품의 슈퍼마켓 판매도 약사들의 반대로 몇 가지 품목만 제한적으로 허용되고 있다.

규제 완화로 이익이 침해당하는 생산자들은 비록 소수일지라도 자기들의 이익 보호를 위해 단결하여 강력하게 반대 운동을 한다. 따라서 정부는 규제 완화를 추진할 경우 관련 생산자들의 반대를 크게 의식하게 된다. 그 결과 생산자들의 반대가 큰 규제개혁은 대부분 지지부진하게 되고 전체 소비자의 후생이 침해되고 있다.

생산자 이익을 위한 규제의 부작용

소비자 후생(welfare) 악화

규제의 득실은 전체 국민 경제적인 면에서 평가해야 한다. 예컨대 원격진료가 허용되면 일부 의사들은 손해를 보지만, 소비자들은 불필요한 병원 출입을 안 해도 되어 막대한 비용과 시간을 절약할 수 있다. 일부 의사들 이익을 위해 전체 소비자가 손해를 보고 있다. 처방전이 필요 없는 의약품의 슈퍼마켓 판매도 마찬가지이다. 약사들의 이익을 위해 전체 소비자가 불편을 감수하고 있다.

혁신과 발전 저해

일부 생산자의 이익 보호를 위한 규제는 혁신을 가로막고 발전을 저해한다. 4차 산업혁명으로 기술과 서비스 혁신이 전 세계적으로 일어나고 있다. 이와 같은 혁신이 일부 생산자의 기득권 보호를 위해 막힌다면 그런 나라는 발전할 수 없을 것이다. 과거 18세기 기계가 근로자를 대체하게 되자 기계화를 반대하는 러다이트 운동이 일어났다. 로봇이 노동력을 대체한다고 로봇을 배격하는 운동과 같은 것이다. 일부 생산자를 위한다고 새로운 혁신이나 편리함을 배격하는 것은 일시적으로 하늘을 손바닥으로 가리는 것과 같다.

소득분배 악화

일부 기득권 생산자를 위한 규제는 소득분배 면에서도 합리적이지 않다. 의사나 약사 등의 생산자를 위한 규제는 수혜계층이 고소득층인데 비해 소비자는 대다수가 중산층과 저소득층이다. 원격진료가 필요한 사람은 농·어촌 등 교통이 불편한 지방 주민이나 자주 병원에 방문하기 어려운 저소득층이 많을 것이다. 결과적으로 경제적 약자인 저소득 의료 소비자가 상대적으로 부유한 의사들 소득을 위해 불편을 감수하고 있는 셈이다.

사회적 약자에게 더 큰 불이익

중소기업, 자영업자, 농민 등 사회적 약자를 위한다는 명분으로 규제하는 것도 재고해 볼 문제다. 사회적 약자를 위한다는 명분으로 규제가 광범위하게 허용된다면 모든 계층은 자기 이익을 위해 규제를 요구하게 될 것이다. 그 결과 혁신은 가로막히게 된다. 혁신이 안 되어 국제 경쟁력이 약화되면 고용도 안 늘어나고 소득도 증가하지 못해서 사회적 약자들은 더욱 어려워질 것이다. 최근 대한상공회의소에 의하면, 원격진료 허용 등 의료산업의 규제 완화만 제대로 되면 일자리가 18만~37만 개 정도 늘어난다고 전망했다. 일부 의사들의 이익을 위해 이와 같은 일자리 창출이 안 되고 있다. 농민을 위한다는 농산물 수입규제는 식료품비 상승으로 소비자의 실질소득을 감소시킬 것이다. 소비자 중에는 부유한 농민보다 더 어려운 저소득 근로자도 포함되어 있다.

소비자 단체는 소비자를 위한
규제개혁에 적극 나서야

모든 정책이나 규제를 검토할 때 소비자 이익 보호를 최우선으로 고려해야 한다. 즉 일부 생산자가 손해를 보더라도 전체 소비자의 이익이 크다면 허용해야 할 것이다. 상생을 위한 생산자의 불이익에 대해서는 보완책을 마련해야 한다. 예컨대 전업 또는 전직 프로그램과 재정보조 등이 가능할 것이다. 끝으로 소비자운동도 활발해져야 한다. 생산자들은 소수이지만 자기들 이익을 위해 공고하게 단결하는 반면, 소비자는 전 국민이지만 조직화 되지 않아서 목소리가 들리지 않는다. 원격진료를 반대하는 의사들 목소리는 있어도 이를 찬성하는 소비자 목소리는 없다. 소비자운동이 개별 제품이나 서비스의 불만 처리 수준에서 벗어나 국가정책 면에서 소비자를 위한 규제 완화, 경쟁촉진 등으로 활성화되어야 한다. 소비자 조직도 강화되어 보다 강력한 소비자 단체가 나오기를 기대한다.

2-5 규제개혁 시스템을 획기적으로 바꾸어야

규제가 남발되는 근본 원인을 제거하지 않은 채 대증적인 대책에 치중한다면 규제개혁의 목적은 달성될 수 없다. 그렇다면 규제가 남발되는 근본 원인은 무엇인가?

시장 기능 불신, 정부 기능 과신의 국민 의식을 개선해야

평상시 국민은 규제 철폐를 주장하지만, 문제가 발생하면 정부 개입을 요구하여 새로운 규제가 생긴다. 예컨대, 아파트 가격이 오르면 분양가 규제를 요구한다. 분양가 규제는 아파트 공급을 억제하는 대책인데도 이를 수용 안 하면 정부가 대책을 세우지 않는다고 비난한다. 대부분 국민은 정부는 폭리도 취하지 않고 공정하다고 생각하여 민영화는 무조건 반대하고 공공서비스를 선호한다. 최근 야당도 민영화 반대를 강력히 주장한다. 국민은 민간 어린이집보다 공공 어린이집이 더 효율적이라고 생각한다. 그렇게 보이는 이유는 공공 어린이집이 더 많은 국고지원을 받기 때문인데 이 점은 간과하고 있다. 사실 정부의 실패가 시장의 실패보다

큼에도 이를 제대로 인식하지 못하는 이유는 그동안 좌파 정권에서 시장 기능의 장점보다는 시장 기능의 실패만 강조한 영향이 크다. 기업의 근본 목적에 대해서도 이윤추구보다는 고용 증대, 소비자 보호 등을 강조함으로써 기업의 영리 추구를 제한하는 각종 규제를 당연시하고 있다. 이와 같은 왜곡된 국민 의식의 개선이 없으면 규제는 남발될 수밖에 없다.

학교 교육과 시민교육을 통해 시장 기능에 대한 이해를 높이고 정부의 실패가 시장의 실패보다 더 크다는 점을 인식시켜야 한다. 예컨대 '가격은 원가에 의해 결정되는 것이 아니고 수요와 공급에 의해 결정된다.', '경제에 공짜는 없다.(기회비용)', '왜 계획경제인 공산주의가 시장경제인 자본주의 국가에 패배하였는가?' 등을 철저히 교육해야 한다. 21년 대입 수능시험의 경우 사회탐구 과목 중 경제 선택은 1.2%에 불과하였다. 초·중·고에서 경제교육 비중을 높여야 한다.

규제개혁의 확고한 원칙을 세워야

소비자 이익을 저해하거나 글로벌 스탠더드에 안 맞는 규제는 철폐해야 한다. 예컨대 전체 소비자의 후생 증대가 공급자 이익 감소보다 큰 경우는 원칙적으로 규제를 철폐한다. 우리나라와 여건이 유사한 외국에 없는 규제도 철폐한다. 현실적으로는 기득권층의 반발이 매우 클 것이다. 따라서 치밀한 대책이 필요하다. 기득권층의 손해를 보완할 대책을 마련해야 한다. 규제개혁의 당위성을 충분히 홍보하여 국민적 지지 여건을 조성해야 한다. 규제개혁의 수혜계층을 조직화하여 이들이 지속적으로 규제개혁의 목소리를 내도록 해야 한다. 예컨대, 소비자 단체들이 각종 규제로 소비자 이익이 크게 침해되고 있는 사례를 조사, 분석하는 기능을 강화하고 규제개혁 요구를 확대토록 지원을 강화해야 한다.

규제 사각지대 근절해야

행정지도, 구두지시 등 규제 사각지대를 근절해야 한다. 규제 중에는 행정지도 등 명시적으로 나타나지 않는 규제가 많다. 특히 금융 규제에 이런 규제가 많다. 규제를 투명화하여 보이지 않는 규제를 없애야 한다.

국회에 규제개혁심의회 설치해야

최근 정부 제안 법률보다 국회의원 제안 법률이 늘어나고 있다. 정부 법률은 각 부처의 심의와 규제개혁위원회의 심의를 거침으로써 불합리한 규제는 대부분 걸러진다. 그러나 국회의원 입법은 관련 상임위에서 의결되면 그대로 입법이 되는 경우가 대부분이다. 타 상임위 심의나 정부의 규제개혁심의회의 심의 절차 같은 것이 없다. 각 상임위는 관련 이해관계자의 의견만 반영하는 경우가 대부분이다. 예컨대, 농민, 근로자, 환경단체의 의견이 여과 없이 입법되는 경우가 많다. 따라서 국회도 행정부와 같은 규제개혁 심의회를 설치해야 한다.

규제 일몰제 실시

각종 규제 법령의 일몰제를 실시해야 한다. 한때 필요한 규제도 여건이 바뀌면 없어져야 하는 경우가 많다. 규제가 영속화되지 않으려면 일정한 기간 후에는 규제 필요성이 재검토되어야 한다. 이를 위해 모든 규제는 원칙적으로 규제 시한을 정해야 한다.

준수율 낮은 규제 철폐

규제 중에는 현실적으로 국민 의식에 비해서 규제 수준이 너무 높거나 준수 비용이 과다하여 규제 준수율이 낮은 경우가 많다. 화재를 예방한다고 모든 주택에 내화벽을 설치하라고 하면 제대로 지켜지겠는가? 이럴 경우 '법은 지켜야 한다.'라는 국민 의식을 해쳐 전반적인 공권력 불신을 초래한다. 주기적으로 규제 준수율을 조사하여 준수율이 낮은 규제는 없애야 한다.

> 규제개혁

2-6 글로벌 시대에 아직도 국적 규제해야 하나?

우리나라는 단일 민족국가로서 외국인에 대한 거부감이 강한 편이다. 조선 시대에도 미국, 프랑스 등이 문호 개방을 요구하였으나 거절하였다. 그 후 일본에 의해 강제적으로 개방하게 되었다. 국제화 시대에 외국의 기술, 제도 등 장점은 적극적으로 받아들여야 하는데, 외국인이란 이유로 배척하는 것은 문제가 있다.

세계화 시대에도 외국인을 배척하는 한국 사회

공공부문을 중심으로 외국인의 취업이나 활동을 제한하는 제도가 많다. 시대는 변화하여 무역, 서비스, 금융, 인력 등 거의 모든 분야에서 국경이 없어지고 있다. 과거에 자기 나라에서만 경쟁하던 것이 이제는 전 세계적으로 무한 경쟁이 되고 있다. 이제는 세계에서 1등이 되어야 살아남는 시대가 되었다. 인력 이동도 전 세계적으로 이루어지고 있다. 국적을 불문하고 최고의 인재를 확보하려고 한다. 특히 우리나라는 저출산으로 인해 이미 인구가 줄고 있어서 어느 나라보다 적극적으로 이민을 받아들일 수밖에 없는 현실인데 외국인을 배척하면 어떻게 할 것인가?

외국 국적에 대한 사회적 거부감

그런데 우리나라의 현실을 보면 과거에 비해서는 나아졌으나 아직도 불합리하게 외국인을 배척하는 제한이 많이 남아있다. 일전에 '진에어'에 조현민 대한항공 회장 딸이 미국 국적인데 임원으로 등재된 사실이 문제가 되었다. 외국인은 임원이 될 수 없다는 관련 법 규정을 위반하였다는 것이다. 악법도 법이라고 실정법을 위반한 것은 처벌을 받아야겠으나 문제는 그와 같은 규제가 합당하냐는 것이다. 항공 산업은 다른 산업보다도 경쟁이 치열하다. 항공 회사에 기장을 포함한 수많은 직원이 외국인인데 임원은 외국인이 하면 안 된다는 것이다. 시대착오적인 규제라고 생각된다. 주요 공직자 인선 시 자주 등장하는 결격사유 중 하나가 외국 국적을 가진 자녀이다. 남자의 경우 병역의무를 회피하기 위한 경우라면 비난받아 마땅하지만, 여자나 그런 경우가 아니라면 그것이 과연 공직자로서 결격사유인지 생각해 볼 문제이다.

자식이 해외에 거주하거나 해외에서 활동하기 위하여 외국 국적을 가졌다고 부모가 공직을 못 맡는 것은 불합리하다. 그 직책에 적합한 능력을 갖추었는데 자식이 외국 국적이라고 배척하는 것은 인재 활용의 폭을 좁히는 것이다. 과거 영국의 마크 카니 중앙은행 총재는 캐나다인이었다. 이중국적자였던 스탠리 피셔는 이스라엘 중앙은행 총재와 미국 중앙은행 부총재를 했다. 이렇듯 중앙은행 총재라는 막중한 자리임에도 불구하고 국적을 따지지 않고 능력만 있으면 채용하는데 유독 우리나라에서만 자식이 외국 국적이라고 유능한 인재를 기용하지 않는 것은 시대착오적인 생각이다.

히딩크 4강 신화는 투철한 애국심 덕분인가?

일부에서는 국적이 외국인이고 자식이 외국 국적이면 애국심이 없어 직책을 제대로 수행하지 못할 것이라고 한다. 2002년 월드컵 축구에서 4강 신화를 이룩한 히딩크 감독은 한국에 대한 애국심이 투철해서 좋은 성적을 거두었는가? 일본의 닛산자동차는 경영이 어려울 때 프랑스 국적의 카르로스 곤 회장을 영입하여 부활하였다. 세계은행의 김용 전 총재는 순수한 한국 사람이지만 미국 국적을 가져서 세계은행 총재가 되었다. 한국인임을 자랑스럽게 여긴다고 한국 국적을 고집했으면 세계은행 총재가 못되었을 것이다. 최근 수학계의 노벨상이라는 〈필즈상〉 수상으로 유명한 프린스턴 대학의 허준이 교수도 한국에서 대학까지 나왔지만 국적은 미국인이다. 현재 분위기에서는 허 교수도 한국에서 공직을 맡기 어렵다. 한국인이 외국 국적을 갖는 것은 일부러 권장할 일은 아니지만 외국 국적 갖는 것을 무조건 비난할 일도 아니다. 미국이 세계 제1의 국력을 유지하는 것은 개방적인 인구정책 덕분이다.

세계는 넓고 할 일은 많다. 우리 국민도 세계로 진출하고 외국의 유능한 인재도 국내에서 폭넓게 활용해야 한다. 세계 대부분의 선진국이 인구 감소에 대응하여 이민을 적극적으로 받아들이고 있다. 좋은 인재 확보 경쟁이 시작되고 있다. 현재와 같은 폐쇄적인 인구정책으로는 능력 있는 외국 인재 확보가 어려울 것이다. 글로벌 시대에 국적 제한은 안보 분야 등으로 최소화하여야 한다.

2-7 한국에서 돈을 벌 수 있어야 한국에 투자한다

2018년 한국 GM 군산공장이 폐쇄되었다. 그동안 판매 부진 등으로 공장 가동률이 20% 수준이었는데 최종적으로 철수한 것이다. 공장 근로자들은 물론 관련 부품 업체와 군산 지역 주민들은 큰 충격에 휩싸였다. GM 근로자와 군산 지역 주민들은 GM 본사에 공장 폐쇄 결정을 취소할 것을 요구하며 '먹튀'라고 비난하였다. 얼마 전 씨티은행 그룹도 국내 수익성이 없는 일반 소비자 영업 부문을 폐쇄하기로 하였다.

외국인 투자기업 꼬리표 '먹튀'

외국인 투자기업이 철수하면서 비난받은 사례는 GM만의 일이 아니다. 수년 전 사모펀드인 론스타가 외환은행을 인수한 후 막대한 이익을 보고 철수하였을 때도 '먹튀'라고 비난받았다. 정부는 일자리 부족을 해결하기 위해 외국인 투자유치를 중요 경제정책으로 추진하고 있다. 예컨대 경제자유지역을 지정하여 외국인 투자기업에 대해서는 세금 감면 등 각종 혜택을 지원하고 있다. 외국인 투자유치는 우리나라만 강조하는 것이 아니다. 전 세계 대부분의 정부가 투자유치를 위해 많은 혜택을 주고 있다. 일자리를 창출하고 경제를 활성화하기 위해서는 자국 기업이든 외국 기업이든 투자자의 국적을 가릴 필요가 없다는 것이다.

사실 외국에 투자하는 한국 기업보다는 한국에 투자하는 외국 기업이 국내 경제 활성화에 더 기여한다. GM Korea가 현대 USA보다는 한국의 일자리 창출에 기여하는 바가 크다. 외국인 투자가 국내 경제 활성화에 이바지함을 알면서도 정작 외국인 투자기업이 이익 내는 것에 대해서는 우리 국민의 인식이 호의적이지 않다.

적자 나는데 무슨 수로 버티나

기업의 근본 목적은 이윤추구이다. 외국인 기업도 돈을 벌기 위해 한국에 투자하는 것이다. 따라서 외국인 투자를 유치하려면 외국인이 돈을 벌 수 있는 여건을 조성해 주어야 한다. GM 군산공장 철수를 비난하는 사람들은 GM이 수익성이 좋은 차종은 미국 등 다른 나라에서 만들고 인기 없는 차종만 한국에 배치하여 적자가 났다고 주장한다. GM은 한국 외 다른 나라에서도 자동차를 만들고 있다. 당연히 인건비가 싸고 생산성이 좋은 나라에서 자동차를 많이 만들 것이다. GM Korea가 인건비 대비 생산성이 높다면 왜 한국에서 생산하지 않고 다른 나라에서 생산하겠는가?

뼈아픈 자구노력이 있어야 지원도 효과 있어

 적자가 나서 공장을 철수하겠다는 회사를 잔류시키려면 회사가 흑자를 낼 수 있는 여건을 조성해 주어야 한다. GM Korea의 부실 문제는 사용자 측의 경영 잘못과 함께 경직적인 노동시장에서 비롯되었다. 생산성은 낮으면서 임금은 다른 나라에 비해 월등히 높다고 한다. 회사 측의 경영개선 노력과 함께 근로자들은 고용구조의 유연화와 임금 삭감 등을 통해 뼈아픈 자구노력을 해야 할 것이다. GM 스페인 공장은 근로자들의 자구노력으로 부활하였다. 임금 삭감과 고용조정 등을 받아들인 것이다.

 정부는 GM 군산공장 사태 해결을 위해 필요한 지원을 검토하되 원칙 없는 지원이 안 되도록 신중해야 한다. 수많은 실업자와 저임금 근로자가 있는 현실에서 고통 분담 없이 고액 근로자의 일자리를 보전하기 위해 거액의 세금을 투입하는 것은 정당화될 수 없다. 예컨대 급여 300만 원 근로자들이 일하는 기업이 망하면 지원하지 않는 정부가 급여 800만 원 근로자들이 일하는 기업이 망하면 세금으로 지원해야 하는가? 정치권도 무분별하게 개입해서는 안 된다. 타 산업, 타 기관과의 형평성도 고려해야 한다.

돈 벌 수 있는 나라가 되어야

　GM 군산공장 같은 사태가 재발하지 않도록 하기 위해서는 기업 여건을 개선해 주어야 한다. 외국인 기업을 대상으로 '먹튀'라고 비난하는 일부터 멈춰야 한다. 한국에 투자하여 돈 벌어 철수하지 못한다면 누가 투자하겠는가? 2021년 한국의 해외직접투자액은 758억 달러로서 외국인 국내 투자(168억 달러)의 4.5배에 이른다. 기업 활동 여건이 나빠지면서 수많은 일자리가 해외로 나갔다. 한국경제에 기여하는 것은 해외에 투자하는 한국 기업이 아니고 국적을 불문하고 한국에 투자하는 기업이다. 한국인이든 외국인이든 한국에서 돈을 벌 수 있어야 한국에 투자한다.

2-8 노동시장 유연성 제고와 사회안전망 강화(flexicurity)로 노사 대 타협해야

사라지고 있는 일자리

　세계적으로 4차 산업혁명의 핵심 산업 중 하나인 자율주행차 개발이 경쟁적으로 이루어지고 있다. 구글 등 일부 회사는 이미 시험주행을 하고 있다. 자율주행차가 보편화할 경우 그 파장은 매우 클 것이다. 많은 운전기사들이 실직할 것이며, 자동차 사고도 크게 줄어들어 자동차 보험업계와 정비업계의 일자리가 대폭 줄어들 것이다. 또 전기차의 확대로 내연기관과 관련된 수많은 자동차 부품 관련 일자리도 없어질 것이다.

　챗GPT 등 인공지능의 발달은 전 분야에 걸쳐 더 큰 충격을 줄 것이다. 과거에는 상상조차 하지 못했던 수많은 일자리가 인공지능으로 대체될 것이다. 이미 주식투자 분석, 신문기사 작성, 질병 진단, 회계 처리 등 많은 기능을 대신하고 있고 장래에는 더욱 진화할 것이다. 발달한 로봇과 빅데이터도 많은 일자리를 대체하고 있다. 인건비 상승과 강성 노조 활동 등이 로봇화를 촉진하고 있다. 세계적 컨설팅 회사인 PwC는 2030년까지 미국 일자리의 38%가 자동화될 것이라 예측하고 있다.

일자리의 대변화
(고정적·노동집약적 일자리↓ 신축적·기술집약적 일자리↑)

새로운 여건 변화에 따라 많은 직업이 없어지고 또 새로 생겨날 것이다. 현재 하고 있는 일을 10~20년 후에도 그대로 하게 될 사람은 많지 않을 것이다. 이와 같은 변화를 요약하면 많은 일자리가 로봇이나 인공지능으로 대체되고 고정적 일자리보다는 비정규직 같은 신축적 일자리가 늘어날 것이다. 노동집약적 일자리는 줄어들고 기술집약적 일자리가 늘어나게 될 것이다. 평생, 직업이 여러 번 바뀔 것이다.

노동시장 경직성으로 약화되는 기업 경쟁력

그러면 어떻게 대비해야 하나? 우선 기업은 여건 변화에 맞춰 사업 구조조정 준비를 해야 한다. 기업이 업종 전환을 하게 되면 근로자 수요도 달라진다. 이에 따라 기존 근로자를 재배치하거나 재교육해야 할 것이다. 때로는 기존 근로자들의 해고와 새로운 근로자의 채용도 필요하게 된다. 이와 같은 구조조정을 신속히 하지 못하는 기업은 도태될 것이다. 근로자들도 새로운 노동 수요에 맞춰 자신의 역량을 늘려야 할 것이다.

노동시장의 변화에 대비하여 정부는 기업들이 전업 등 구조조정을 원활히 할 수 있도록 도와주어야 할 것이다. 그런데 과거 문재인 정부의 노동 정책은 여건 변화에 역행해 오히려 노동시장의 경직성을 강화하였다. 예컨대 비정규직 근로자의 정규직화를 강하게 추진하였다. 저성과자 해고를 어렵게 하고 파리바게뜨 사례와 같이 근로자 파견에 대한 규제를 강화하는 등 그동안 추진한 노동시장 유연화 정책들을 후퇴시켰다. 업무환경의 변화로 재택근무, 파트타임, 프리랜서와 같은 새로운 형태의 일자리가 늘어나는 추세에 정규직화만 강요하면 기업은 변화에 적응하기 어려워질 것이다.

노동시장 경직성의 최대 피해자, 미래세대

한편, 근로자의 입장에서는 근로자 보호의 강화를 요구한다. 비정규직은 고용도 불안하고 임금 등 근로여건도 정규직보다 불리하다. 노동계는 끊임없이 비정규직 보호 강화를 주장해 왔다. 상당 부분은 수용되기도 했다. 그러나 노동시장의 경직성 강화는 기존의 정규직 근로자만 유리하고, 미래세대의 구직을 어렵게 한다. 기업이 정규직 채용이 부담스러워 비정규직 채용을 선호하는데 정규직 과보호 완화 없이 비정규직 보호만 강화하면 기업은 비정규직 채용마저 줄일 가능성이 커진다. 일전에 아파트 경비원 임금을 최저임금 수준으로 인상했더니 상당수 아파트에서 경비원을 해고하는 일이 발생했다. 최저임금의 급격한 인상으로 부담을 느낀

자영업자들은 키오스크를 대안으로 선택하고 있다. 결국, 노동시장 경직성의 최대 피해자는 신규로 일자리를 구하려는 젊은 세대이다.

노동시장 유연성은 높이되, 사회안전망도 강화해야

근로자들이 원하는 생계 안정은 동일 직장에서 평생 고용이 아니라 직장이 달라지더라도 평생 일자리를 확보하는 것이다. 전직 과정에서 일시적으로 해고되더라도 생계가 안정되고 새로운 기술을 습득할 수 있도록 사회안전망을 강화해야 한다. 실업급여를 인상하고 지급 기간도 연장하는 방안 등이 좋은 예다. 아울러 새로운 직업을 찾기 위한 전직 훈련 지원도 강화할 필요가 있다. 노동 개혁은 노동시장 유연성 강화(flexibility)와 사회안전망(security)을 동시에 강화하는 flexicurity로 노사가 대 타협해야 한다. 이것은 이미 덴마크, 네덜란드 등에서 효과적으로 추진되고 있다. flexicurity가 확보될 경우 근로자는 일시적으로 해고되더라도 사회안전망 강화로 생계 불안을 해소할 수 있고 나아가 기업 활동의 활성화로 고용 기회도 늘어날 것이다.

노동계는 노동시장의 유연성 증대 없이는 근로자가 바라는 일자리 증대가 어렵다는 점을 인식해야 한다. 정부와 기업도 노동시장 유연성만 강조할 것이 아니라 사회안전망을 강화하는 데 노력해야 한다.

2-9 불법 노동행위부터 근절해야

해도해도 너무하다

얼마 전 강남 개포동 아파트 건설 현장에서 큰 소동이 벌어졌다. 민주노총 근로자가 한국노총 근로자의 출입을 막으면서 양 근로자 간에 싸움이 벌어졌다. 이런 현상은 이곳뿐만 아니라 전국 각지 많은 건설 현장에서 벌어지고 있다. 건설회사에 자기 소속 근로자 채용을 강요하면서 이를 듣지 않을 경우, 건설 현장의 법규 위반을 고발하겠다고 위협하고 때로는 물리력으로 공사를 방해한다. 예컨대 외국인 근로자의 신분을 조사하여 불법 체류자일 경우 이를 이유로 회사를 겁박한다.

노조가 무슨 권한으로 근로자를 검문하는가?

우리나라 건설 현장은 정부 권한이 미치지 않는 노조 해방구인가? 공사 추진이 시급한 건설회사는 울며 겨자 먹기로 노조의 협박에 특정 근로자를 채용하고 임금도 그들이 강요하는 대로 비싸게 지급할 수밖에 없다. 이런 상황을 반영하여 건설 근로자의 노조 가입이 급증하고 있다. 민노총 건설 노조 조합원이 수년 전 8만 명 수준에서 최근에는 14만 명으로 증가하였다. 또한, 노사분쟁이 격화되면 사업장이나 CEO 사무실을 노조원이 장기간 점거·농성하는 일이 흔하다. 이 경우에도 공권력이 방관하고 있다.

불법행위 방치하는 나라가 법치국가인가?

건설 현장의 불법행위는 오래된 문제이다. 기업들이 애타게 호소하고 있지만, 정부와 국회는 소극적으로 대하고 있다. 사업주가 사소한 불법이라도 행하면 언론이 크게 보도하고 수사기관, 정치권이 총동원된다. 대한항공 조회장 일가의 경우 수많은 압수수색과 소환 조사가 이루어진 데 비해 노조의 불법행위는 별로 문제시하는 것 같지 않다. 노조의 폭력 행위로 기업이 근로자 채용도 마음대로 못하는데 정부는 사실상 방치하고 있다. 우리나라가 과연 법치국가인가?

경제발전의 걸림돌이 된 노사 문제

근로여건을 개선하고 근로자 소득을 증대시키는 것은 바람직하다. 이를 가능하게 하는 가장 기본적인 것은 일자리이다. 지속 가능한 일자리는 기업이 만든다. 이를 위해서는 왕성하게 기업 활동을 할 수 있는 여건이 만들어져야 한다. 기업 활동에서 가장 중요한 것은 합리적인 노사관계이다. 과거 권위주의 정부 시절 경제성장 우선 정책으로 근로자의 권익이 침해되었던 것은 사실이다. 그러나 1980년대 말 민주화 운동 이후 노동관계 제도와 관행은 대부분 글로벌 스탠더드에 맞게 개선되었다. 최근에는 기존 근로자 보호가 지나쳐서 노사 문제가 기업 활동의 걸림돌이 되고 있다. 세계경제포럼 국가경쟁력 조사에 의하면 우리나라 노동 경쟁력은 조사 대상 140국 중 120위로 꼴찌 수준이다. 우리나라에 투자하려는 외국인이 기업 환경 중 가장 걱정하는 것이 불합리한 노사관계라고 한다.

노조는 더 이상 사회적 약자가 아니다

합리적인 노사관계를 위해서는 노동시장 유연성, 생산성에 기반한 임금제도 등 개혁해야 할 과제가 많으나 가장 중요한 것이 노동 현장의 법치주의 확립이다. 노·사를 막론하고 불법적인 노동행위는 엄단해야 한다. 이제 노조는 사회적 약자가 아니다. 정권을 교체할 정도로 막강한 힘을 갖고 있다. 우리 사회의 책임 있는 기구로서 역할을 다해야 한다.

2-10 매년 임금협상 해야 하나?

최근 우리나라 경제성장률은 3%를 넘기 어렵다. 근본적으로 경제성장률이 낮아진 이유는 우리나라의 국제 경쟁력이 구조적으로 약해졌기 때문이다.

노동시장 효율성은 꼴찌 수준

우리나라 국제 경쟁력이 약해진 이유로 항상 지적되는 것이 노동시장의 비효율성과 불안정한 노사협력이다. 최근 세계경제포럼(WEF)의 평가에 의하면 우리나라 국가경쟁력은 OECD 36개국 중 10위이다. 그러나 노동시장의 효율성은 꼴찌 수준인 27위이다. 실제로 매년 노사협상 시기만 되면 수 개월간 몸살을 앓는 기업이 많다. 연봉이 1억 원 이상인 금융기관도 임금 인상 요구가 강하다. 경직적인 노동시장과 불안정한 노사관계는 임금 비용을 높여 국내 기업의 해외 이전을 촉진하고 외국인 투자유치에도 큰 걸림돌로 작용하고 있다. 한국 GM의 경우 전 세계 공장 중 인건비 상승이 가장 높다고 한다. 현대 · 기아자동차의 경우 2002년 국내생산이 95%이고 해외 생산이 5%였는데 최근에는 해외 생산이 국내생산을 능가하였다.

만나면 싸우는 노사, 만나는 횟수가 준다면?

안정적인 노사관계를 이룩하는 방안은 무엇인가? 대안 중의 하나는 갈등을 증폭시키는 노사관계 협상 빈도를 줄이는 것이다. 특히 임금협상 빈도를 줄이는 것이다. 우리나라 노동관계법에 의하면 매 2년 이내에 단체협약을 맺도록 하고 있다. 실제로는 90% 이상의 사업장에서 매년 임금협상을 하고 있다. 임금협상은 다른 근로조건에 관한 협상보다 더 어렵다. 임금은 근로자 입장에서는 생계가 걸려있고 기업의 입장에서는 중요한 비용 요소이다. 협상을 하게 되면 노조는 당연히 많은 새로운 요구를 하게 될 것이다. 노조는 요구사항이 관철되기를 기대하여 강하게 투쟁하는 모습을 보일 것이다. 노조 안에 강경파와 온건파가 경쟁하는 경우 갈등은 더 심해진다. 임금협상이 종결되기까지 노사 간 신경전 등으로 많은 시간과 비용이 소모된다.

이런 힘든 협상을 매년 꼭 해야 하나? 근로자 입장에서는 매년 하는 것이 낫다고 주장할지 모른다. 그러나 임금협상으로 경영진들이 상당 기간 경영에 전념하지 못하고 근로자들도 각종 집회 등으로 노동생산성이 떨어지면 그 회사의 장래는 어떻게 될 것인가? 노조 간부도 매년 임금협상을 하면 강경한 요구를 반복할 수밖에 없을 것이다. 세계 대부분의 나라는 매년 임금협상을 하지 않는다. 조직력이 강한 미국 자동차노조(UAW)도 4년마다 임금협상을 한다. GM 자동차의 경우 전 세계에 26개 공장이 있는데 임금협상을 매년 하는 나라는 한국뿐이라고 한다.

임금협상만 매년 안 해도 소모적인 갈등 줄어

결론적으로 노사관계 안정을 위해 임금협상을 2~3년에 한 번씩 하는 방식으로 전환하는 것이 합리적이라고 본다. 이 경우에도 임금을 2~3년 만에 조정하는 것은 아니고 현재와 같이 매년 조정한다. 다만 임금협상이 없는 해에는 노사 간에 합의된 룰(Rule)에 따라 임금을 조정한다. 예컨대 2022년에 임금협상을 하고, 다음 협상은 2024년에 할 경우 2023년 임금 인상은 별도의 협상 없이 사전에 노사 간 합의된 원칙(예. 소비자 물가상승률)에 따라 인상한다. 임금협상 시 기초가 되는 임금 결정 논리는 해마다 크게 바뀔 이유가 없을 것이다. 손자병법에 의하면, 백 번 싸워 백 번 이기는 것보다 싸우지 않고 이기는 것이 더 좋은 것이다. 우리 사회가 선진화되려면 국민의식과 함께 사회시스템이 합리적으로 개선되어야 한다. 노사관계 시스템도 소모적인 갈등을 줄이는 방향으로 개선되어야 한다.

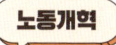

2-11 저출산·고령화 시대의 호봉제

우리나라는 공공 부문은 물론 대부분의 기업이 호봉제를 채택하고 있다. 호봉제는 직장에서 근무연한에 따라 일정 비율 자동적으로 봉급이 오르는 제도이다. 근속 기간이 길어 나이가 많을수록 부양가족이 늘어나 가계지출이 많아지므로 임금도 생산성과 상관없이 올려주어야 한다는 것이다. 근로자를 배려하는 점에서는 나름대로 논리가 있다.

그러나 기업의 입장에서 볼 때 근로자의 근속연한이 길다고 해서 생산성이 반드시 올라가는 것은 아니다. 특히 50대 이후에는 IT 등 새로운 기업 환경 변화에 적응이 늦어 오히려 생산성이 떨어지는 경우도 많다. 하지만 호봉제로 인해 임금은 자동으로 올라가므로 경쟁력 약화 요인이 되는 경우가 많다. 우리나라는 해고의 자유도 없어 생산성이 낮은 고임의 나이 많은 근로자가 많은 기업은 경영상 부담이 클 수밖에 없다.

정부는 지난 2016년 고령자 입법을 통해 정년을 55세에서 60세로 연장하였다. 당시 기업의 인건비 부담 증가를 완화하기 위해 사업장에 따라 필요한 조치를 할 것을 의무화하였다. 이에 따라 임금 피크제가 일부 기업에서 도입되었으나 강제 의무사항이 아니라 그 이후 채택이 안 된 기업이 많았다. 결과적으로 정년 연장은 기업의 인건비 부담을 가중시켰다. 기업은 인건비를 줄이고자 자동화, 정규직 근로자 축소, 해외 이전과 아울러 신규고용을 줄이게 된다. 호봉제는 청년 실업을 늘리고 비정규직 근로자를 증가시키고 있다.

우리나라는 고령화가 세계 어느 나라보다도 급속히 진행되어 이미 근로자 부족에 직면하고 있다. 따라서 고령 인력 활용의 중요성이 커지고 있다. 이에 따라 정년폐지도 적극 검토해야 한다. 그러나 호봉제가 존속되면 정년 연장을 할 수 없게 된다. 고령 근로자 입장에서도 정년으로 일자리를 잃는 것보다 낮은 임금으로 고용을 연장하는 것이 나을 것이다. 호봉제는 우리나라, 일본 등 일부 국가에 남아있고 외국 대부분 기업은 연봉제로 하고 있다. 따라서 직무의 난이도, 근로자 생산성 등을 감안하여 연봉제로 임금체계가 재편되어야 한다.

2-12 100세 시대, 평생교육 확대해야

학교에서 배운 지식만으로 60년을 버틸 수 있을까?

우리나라 교육제도의 골격은 1950년대 이후 변하지 않고 있다. 만 6세에 초등학교에 입학하여 초등학교 6년, 중·고등학교 6년, 대학교 4년을 다닌다. 그동안 경제발전에 따라 대학교 진학률은 높아지고 교육 내용은 바뀌어도 공부 기간은 변함이 없다. 과거 평균수명이 짧고 경제, 사회, 과학의 변화도 급격하지 않을 때는 학교에서 배운 내용을 기초로 직장에서 나름대로 현장 경험과 직무교육 등을 보충하면 적응할 수 있었다. 그러나 오늘날에는 불과 50년 전과 비교했을 때보다 평균수명이 20년 이상 늘었고 경제, 기술 여건도 급속하게 변화하고 있다.

저출산으로 우리나라 생산가능인구는 2017년부터 감소하고 있어 미래에는 노동 공급 부족이 우려된다. 또한, 노후 준비가 안 된 고령자들이 많아져서 70대까지 일하는 사람이 많다. 이러한 상황에서 과거와 같이 20대 전반까지 학교에서 배운 지식으로 나머지 60년을 버티는 것은 무리이다. 현실적으로 학교 졸업 후 많은 경우 생계를 위해 학교 전공이나 적성에 상관없이 취직해서 한평생 근무하게 된다. 우리나라의 경우 경직적인 고용 관행으로 직업 바꾸기가 어려울 뿐만 아니라 직업 변경을 위한 적절한 교육 서비스도 없는 것이 현실이다.

재교육 여건 보장해야

100세 시대를 맞이하여 새로운 변화에 적응하기 위해서는 전체 국민을 대상으로 재교육 프로그램을 강화해야 한다. 현재 지자체 등이 주민들을 위한 교양, 취미교실과 같은 프로그램을 운영하고 있으나 중앙정부 차원의 평생교육은 활성화되지 못하고 있다. 기존의 직업들이 사라지고 새로운 직업들이 생기는 상황에 적응하려면 재교육이 반드시 이루어져야 한다. 변화에 대한 정보제공뿐만 아니라 각 대학과 지자체를 중심으로 재교육 프로그램을 확대해야 한다. 또 직장인들이 재교육을 받으려면 일정한 시간과 교육비, 교육 기간 중의 생계비 등이 필요하므로 육아휴직과 같이 **재교육 휴직을 법적으로 보장**해 주어야 할 것이다.

중앙정부 초·중·고 교육예산이 75조 원 이상인데 평생교육 예산은 1조 원대에 불과하다. 초등학교부터 대학생까지의 학생 수가 700만 명인데, 25세부터 65세까지 인구는 2,300만 명이다. 우리나라는 세계 어느 나라보다도 저출산·고령화가 심각한 나라이다. 노인 빈곤율이 세계 1위이고 노인자살률도 세계 1위이다.

국가경쟁력을 강화하고 고령 계층의 삶의 질 향상을 위해서 국민 자질 향상을 위한 투자가 무엇보다 중요하다. 평생교육을 획기적으로 늘려야 한다. 예컨대 40대~50대 사이에 **'6개월간 전 국민에게 재교육을 위한 안식년 제도'**를 도입하고 이에 필요한 바우처를 지급해야 한다.

> 서비스산업 육성

2-13 제조업 한계를 서비스산업으로 돌파해야

제조업만으로는 어렵다.

우리나라는 세계 어느 나라보다도 대외 의존도가 높다. 1960년대 이후 높은 경제성장률을 이룩했는데 핵심 동력은 수출이었다. 의류, 신발, 합판 등 노동집약적 경공업 제품부터 시작하여 TV 등 가전제품, 자동차, 선박, 반도체 등 중공업 제품까지 수출품목이 확대되었다. 부존자원이 없고 내수시장이 작은 국가로서 불가피한 선택이었다. 원유, 철강, 농산물 등 원자재 대부분을 해외에서 수입하고 이를 가공해서 전 세계에 수출하였다. 그러나 미래에는 이와 같은 전략이 어려워질 것 같다.

보호무역주의의 최대 피해국

최근 세계 정치, 경제 흐름을 보면 세계화의 흐름이 퇴조하고 보호무역주의가 강화되고 있다. 미·중 갈등이 심화되면서 중요 산업을 자국 내에서 육성하려는 움직임이 강해지고 있다. 미국의 경우 반도체를 비롯하여 2차 전지 등 중요 품목을 미국 내에서 생산토록 하고 있다. 인도네시아의 경우 원자재의 자국 산업 육성을 위해 수출을 제한하고 있다. 사실 세계화로 인해 가장 혜택을 본 나라 중 하나가 우리나라이다. 반대로 보호무역주의가 강화될 경우 가장 큰 피해를 보는 것도 우리나라이다. 우리나라 경제에서 수출을 이끌어온 반도체, 자동차, 조선, 철강 등의 제조업 산업은 보호무역주의가 강화될 경우 1차 타깃이 될 것이다.

지정학적 리스크+개도국의 거센 추격

우리나라 주력 산업인 제조업이 위험에 빠질 또 다른 위험은 최근의 국제정세이다. 그동안 미국이 '세계의 경찰' 역할을 수행하면서 세계는 비교적 안정적인 시기였다. 그러나 중국이 크게 부상하여 미·중 갈등이 심화되면서 미국의 세계 경찰 노릇도 한계에 부딪히고 있다. 중국의 대만 침공이 언제 시작될지 모른다. 우리나라는 원유 수입도 중동에서부터 긴 여정을 거쳐야 한다. 수송로 중 약간의 국지전적 군사 갈등이 발생해도 타격을 받는다. 지정학적인 리스크가 매우 크다. 국제 경쟁력 면에서도 저출산으로 생산 인력이 급격히 감소하고 있고 중국, 인도, 동남아 등 개도국의 추격이 거세지고 있다.

새로운 생존전략, 서비스산업 육성

이제는 제조업 위주의 경제구조에서 벗어나 새로운 생존전략으로 서비스산업을 중점 육성해야 한다. 서비스산업은 금융, 유통, 의료, 관광, 영화, 음악, 게임, 스포츠, 교육 등 매우 다양하다. 제조업에 비해 각국의 국민 생활과 관련되어 내수 산업적 성격이 강하다. 그러나 관광, 영화, 게임, 음악 등 국제간 거래가 활발한 산업도 많다. 우리는 이와 같은 산업에 역점을 두어야 한다. 서비스산업은 제조업과 달리 국지적인 무력충돌 같은 지정학적인 위험으로부터 상대적으로 자유로운 장점이 있다. 또한 서비스산업은 고용 유발 효과가 제조업에 비해 훨씬 크다. 2023년 1조 원 생산 유발 시 제조업 고용자는 710명인데 비해 서비스산업은 1220명이다. 향후 세계적으로 1인당 소득의 증대, 주4일제 도입 등 근로시간의 단축은 음악, 영화, 게임, 관광 등 서비스산업에 대한 수요를 증대시키게 될 것이다.

그동안 우리나라는 제조업 육성에 정책의 중점을 두었다. 서비스산업은 정부 정책에서 소외되고 금융과 같은 서비스산업은 제조업의 지원 수단 정도로 인식되었다. 제조업에 비해 서비스산업은 경쟁력 있는 기업도 별로 없었다. 하지만 최근 들어 〈BTS〉, 〈오징어 게임〉 등 K-CULTURE의 성공은 우리나라의 위상을 크게 높여 제조업 수출은 물론 관광객 증가 등 엄청난 효과를 나타내고 있다.

이제 서비스산업은 제조업에 이어 제2의 주력산업으로 집중 육성해서 우리의 미래 먹거리로 삼아야 한다.

서비스산업 육성

2-14 서비스는 공짜가 아니다

서비스산업 육성 방향

요즘 일자리 구하기가 매우 어렵다. 과거 개발 연대에는 경제성장률도 7~8%로 높았고 고용 창출도 커서 일자리가 큰 폭으로 증가하였다. 산업별로 보면 과거에는 제조업 위주의 수출이 우리 경제 성장을 주도하였다. 그러나 최근에는 일자리가 별로 늘어나지 않는다. 경제성장률도 2~3% 수준으로 떨어졌고 경제 성장으로 인한 고용유발 효과도 크게 줄어들었다. 그동안 지속적 임금 상승과 노동시장의 경직성으로 인해 기업들이 가급적 고용을 줄이려고 하고 있다.

일자리 보고(寶庫), 서비스산업

앞으로는 수출 위주의 제조업으로는 일자리 창출에 한계가 있다. 그동안 상대적으로 소홀했던 서비스산업에서 활로를 찾아야 한다. 우리나라 서비스산업은 GDP 대비 62.4%(2020년)로, 미국(80.1%), 영국(72.7%), 프랑스(71.2%), 일본(69.5%), 이탈리아(66.8%), 독일(63.3%)보다 작다. 서비스산업의 생산성도 제조업의 절반에 불과하다. 따라서 서비스산업은 향후 성장 가능성이 높고 고용효과 또한 제조업에 비해 훨씬 크다. 뿐만 아니라 아이디어에 따라 고부가가치적인 산업이 많고 육체노동이 필요하지도 않아 고령화 시대에도 적합하다.

서비스산업, 어떻게 육성할 것인가?

'서비스는 공짜'라는 인식부터 바꾸어야 한다. TV, 핸드폰 등 제조업 제품은 유형의 재화이므로 누구나 대가를 지불해야 한다고 생각하나 무형인 서비스는 무료라고 생각한다. 어느 의사의 이야기이다. 할머니가 병원에 왔는데 진찰 결과 별 이상이 없어서 의사가 "며칠 쉬면 괜찮겠습니다."라고 이야기하니 진찰료를 안 내려고 하더란 것이다. 할머니의 이야기가 "잘못된 데도 없고 약도 준 것 없는데 왜 돈을 받느냐?"라는 것이었다. 중국집에서 탕수육 등 요리를 시키면 "군만두는 서비스입니다." 한다. 여기서 서비스는 공짜라는 뜻이다. 서비스도 제대로 대가를 받고 돈도 벌 수 있어야 한다.

서비스산업은 제조업을 지원하는 부수적인 산업이 아니라 그 자체를 미래 성장 동력 산업으로 인식해야 한다. BTS 등 유명 아이돌을 보유한 하이브는 어느 기업보다도 유망한 기업이다. 최근 하이브의 시가총액은 SK(주) 시가총액을 능가하였다. '왜 금융에서는 삼성전자와 같은 세계적인 기업이 못 나오는가?'라고 한다. 그러나 금융회사가 돈 벌면 '수수료 낮추어라.', '중소기업 더 지원해라.' 등 각종 비판과 요구가 쏟아진다. 금융을 독자적인 산업으로 인식하지 않고 제조업을 지원하는 수단으로 인식하는 한 발전은 어렵다.

지적 재산권 보호 강화

음반·책 등과 같은 서비스 제품은 쉽게 복제할 수 있다. 불법 복제 등이 많아지면 창의적인 서비스 제품 개발이 어려워진다.

서비스의 다양화·고급화 유도

예컨대 설악산 등에 산악열차나 케이블카도 설치하여 노약자·장애인·외국인이 좋은 경관을 볼 수 있는 기회를 만들어야 한다. 호텔에 등급이 있듯이 의료 서비스도 원격진료 허용 등 다양화·고급화되어야 한다. 전 세계의 고소득층들이 고액의 치료비에도 불구하고 미국 유명 병원을 찾고 있다. 교육 서비스도 신경 써야 한다. 질 낮은 국내 공교육으로 인하여 연간 수조 원의 소득이 외국 유학 경비로 유출되고 있다.

서비스산업 발전을 막는 과도한 규제

　제조업에 비해 서비스산업은 국민 생활과 직접 관련이 있고 내수산업이 많아 규제가 매우 많다. 창의적인 서비스산업 발달을 위해서는 규제 혁신이 매우 중요하다. 몇 가지 예를 본다. 원격진료에 대한 규제가 여전하다. 코로나 영향으로 원격진료가 일시적으로 폭넓게 허용되었는데 큰 부작용은 없었다. 일부 동네 의사들 반발로 규제가 계속되고 있지만, 하루빨리 일반 소비자를 위해 원격진료가 대폭 허용되기를 기대한다. 의사들이 '소비자 보호'라는 궁색한 핑계를 대는데 소비자는 원격진료를 원하는 게 현실이다. 우버, 타다 같은 차량 공유 서비스도 국내 택시 기사의 반대로 한국에서만 안 되고 있다. 최근 퍼블릭 골프장 요금 규제가 도입되었다. 생활필수품도 아니고 무엇보다도 시장 기능이 작동되는 골프장 요금까지 정부가 개입해야 하는 논리가 미약하다. 1년에 200만 명 이상의 골퍼가 해외로 나가면서 많은 소득이 유출되고 있다. 골프장에 대한 징벌적 재산세 등을 낮춰 골프 해외여행을 줄여야 한다. 직방 같은 부동산 중개업의 온라인 서비스 규제도 철폐되어야 한다. 소비자에게 편리한 서비스도 공급자를 위해 제한하는 것은 창의적인 발상을 저해한다. 앞으로 AI, 로봇 기술 등의 급속한 발달로 부수적인 서비스가 많이 나올 텐데 규제가 걸림돌이 될까 우려된다. 소비자 우선 원칙으로 규제를 철폐해야 한다. 새로운 아이디어로 부자 되는 기회가 늘어나야 서비스산업이 발달한다.

국회에서 수년간 잠자고 있는 서비스산업기본법부터 조속히 의결해서 서비스산업을 미래 성장산업으로 육성해야 한다.

서비스산업 육성

2-15 미래 먹거리 산업, 관광

일자리 부족이 심각해지고 있다. 취업자 증가 폭은 2022년 6월부터 2022년 12월까지 7개월 연속 감소하고 있다. 그동안 경쟁력이 있던 제조업이 중국 등 후발 개도국의 추격에 밀리고 자동화 등으로 고용유발 효과까지 떨어져 일자리 부족은 지속될 전망이다. 미래에 대비하여 인공지능, 무인자동차, 바이오 등 지식집약산업을 육성해야 한다. 그러나 4차 산업만으로 노동집약적 중소기업, 자영업 등에 종사하는 사람들의 일자리를 메우기는 어렵다.

인구 대국에 둘러싸인 대한민국, 관광산업은 미래 먹거리

미래의 유망한 먹거리 산업으로 관광산업을 육성해야 한다. 관광산업은 공해도 없고 고용유발 효과가 다른 산업에 비해 크다. 소득탄력성도 높아서 소득이 많아지면 여행 수요가 늘어난다. 우리 주변에 급속히 성장하는 인구 대국이 많기 때문에 외국인 관광객 유치의 잠재력은 매우 크다. 중국(14억 명), 일본(1.2억 명), 필리핀(1억 명), 베트남(9.8천만 명), 인도네시아(2.8억 명), 태국(7.2천만 명), 말

레이시아(3.4천만 명), 인도(14.2억 명) 등 인구 대국들이 우리나라 주변에 밀접해 있다. 인천공항에서 비행시간 3시간 이내에 인구 100만 이상 도시가 140여 개나 있다. 중국인이 일 년에 1천만 명씩, 평생 한 번만 한국을 방문한다고 하여도 전체 중국인이 한국을 방문하는 데 140년이 걸린다. 인근 국가들은 빠른 속도로 1인당 소득이 늘어나고 있어 해마다 해외 관광수요가 크게 늘어 날 전망이다.

정부 관광 정책 성공사례

일본 : 관광진흥정책

일부에서는 우리나라가 관광 자원 면에서 중국 등 외국에 비해 경쟁력이 약하다고 한다. 관광산업은 자연경관이나 역사적 유물 등 부존자원에 크게 의존하는 것이 사실이다. 그러나 한정된 자원을 활용하고 새로운 관광 상품을 만드는 것은 노력하기 나름이다. 일본의 경우 과거에는 정부가 관광에 소홀하였다. 그러나 수년 전부터 관광청을 설립하고 입국 절차 간소화, 면세점 개선 등 각종 관광진흥정책을 적극적으로 추진하였다. 그 결과 전에는 우리나라보다도 외국인 입국자 수가 적었으나 최근에는 우리나라를 능가하고 있다. 2012년 우리나라는 입국자 수가 1,114만 명이었는데 일본은 835만 명이었다. 2019년 우리나라는 1,750만 명이었는데 일본은 3,188만 명이었다. 2023년 5월까지 우리나라는 347만 명인데 일본은 863만 명이었다. 정부의 정책 변화로 성공한 예로 생각된다.

싱가포르 : 종합리조트 건설

싱가포르의 경우도 카지노 등 종합리조트 건설 이후 관광객이 크게 늘었다. 2008년 세계적인 금융위기 이후 성장 동력이 떨어지자 관광산업을 육성하였다. 껌도 소지하지 못할 정도로 엄격한 싱가포르 정부는 2010년 센토사와 마리나베이 샌즈 2곳에 카지노를 포함한 종합리조트 건설을 허용하였다. 그 이후 관광객이 급증하여 관광객 수가 2009년 968만 명에서 카지노 리조트 건설 이후인 2012년에는 1,450만 명으로 늘어났다.

국내 관광 인프라 확대는 내국인의 국내 소비 확대를 위해서도 필요하다. 내국인의 해외 관광은 계속 늘어나고 있다. 여행수지는 2015년부터 코로나 사태 이전인 2019년까지 매년 100억 달러 대 적자를 기록했다. 코로나 영향으로 2020년대 이후에는 적자 폭이 절반 수준으로 감소했지만, 최근 출입국 제한이 완화됨에 따라 2022년 1~11월 여행수지 적자 누적액은 70억 8000만 달러를 기록했다.

관광산업 육성을 위한 제안

관광산업을 중점 산업으로 육성해야 한다. 예시적으로 몇 가지 제안한다.

설악산 케이블카 설치

관광 인프라를 확충해야 한다. 예컨대 설악산에 케이블카 또는 산악열차를 설치해야 한다. 스위스의 융프라우나 중국의 황산이 산악열차와 케이블카가 없었으면 외국인 관광객이 그곳까지 갈 리가 없을 것이다. 외국 관광객이 경치 좋은 설악산에 몇 명이나 가나? 산지가 2/3인 우리나라에서 수많은 도로가 산지에 만들어지는데 일자리 만드는 설악산 케이블카는 왜 안 되는가? 최근 설악산에 케이블카 설치가 확정되어 2024년 이후 건설이 본격화된다니 다행한 일이다. 스위스에는 케이블카가 2,000여 개나 있다. 스페인의 산티아고 순례길이나 일본의 나오시마 같은 관광 인프라를 적극 개발해야 한다.

의료관광 활성화

의료관광을 활성화해야 한다. 우리나라 의료기술은 세계적으로 수준이 높다. 우리 주변 개발도상국의 많은 부유층들이 암 수술 등 병 치료를 위해 한국에 온다. 그동안 규제가 완화되었으나 아직도 많은 규제가 남아있다. 의료관광객이 2014년 태국 260만 명, 싱가포르 125만 명인데 비해 우리나라는 34만 명(2016년)에 불과하다. 의료관광객은 다른 관광객에 비해 고용유발, 소비지출 면에서 효과가 훨씬 크다.

K-CULTURE의 관광 자원화

세계적으로 확산하고 있는 K-CULTURE를 관광 자원화해야 한다. 각종 드라마, 영화, 음악(BTS, 블랙핑크) 등을 이용한 축제, 이벤트 행사 등을 활성화해야 한다.

골프장 세금 인하

국내 골프장에 대한 과도한 세금도 낮추어야 한다. 해마다 200만 명 이상의 골퍼가 해외로 나간다. 겨울철 추위를 피하는 목적도 있으나 국내 골프 비용이 너무 비싸기 때문이다. 국내 골퍼가 늘어나는 것이 내수 경기에 도움이 된다. 이제 대중화된 골프에 대한 과도한 세금을 낮추어야 한다.

아이디어에 따라 새롭게 즐길 거리가 만들어진다. 스페인의 사양산업 도시인 빌바오의 구겐하임 미술관이나 일본의 구리 제련소 지역인 나오시마가 세계적인 관광지로 변화한 사례를 타산지석으로 삼아야 한다. 일자리가 부족하여 결혼도 안 하고 출산도 안 해 인구가 줄어드는 형편인데 자연보호만 중요하고 일자리는 중요하지 않은가? 미래 성장 동력 산업으로 관광산업을 중점 육성해야 한다.

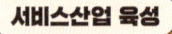

2-16 사유재산 무시하는 정부

　현재 우리나라에서 가장 큰 문제 중 하나는 일자리 부족이다. 일자리의 근본 대책은 기업이 많은 사람을 고용하도록, 기업 하기 좋은 나라를 만드는 것이다. 기업이 고용을 늘리면 일자리 부족, 양극화 심화, 저출산 문제 등이 모두 해결될 수 있다. 기업 하기 좋은 나라가 되려면 기업이 적극적으로 투자를 할 수 있는 여건을 만들어 주어야 한다. 사유재산은 철저히 보장해 주고 공익 목적으로 제한할 경우 헌법 규정대로 정당하게 보상해 주어야 한다. 아울러 정부 정책은 예측 가능성이 있어야 한다. 정부 정책이 수시로 바뀌고 정책 변경에 따른 손실에 대해 정당한 보상을 안 해준다면 불안해서 사업을 하지 못할 것이다.

　그런데 우리나라 현실은 어떤가? 최근 정부의 역할을 강조하는 좌파 정권의 등장 이후 근로자 보호, 중소기업 보호 등 공익 증진을 명분으로 각종 규제 강화, 사유재산권 침해 등 예측불허의 정책 변동이 빈번히 일어나고 있다. 몇 가지 예를 본다.

예측불허 정책 변동 사례

폐점도 자유롭게 하지 못하는 대형 할인점

수년 전, 안산시 의회는 일반상업지구 내 주상복합건물 용적률을 현행 1,100%에서 400%로 축소하였다. 대형 할인점인 홈플러스는 경영 적자가 커져서 폐점 후 부지 매각을 결정했다. 부지를 매입한 사람은 그 자리에 주상복합 건물을 지으려고 했다가 포기했다. 용적률이 대폭 낮아지면 수익성이 낮아져서 매입자는 주상복합 건물을 지을 수 없게 된다. 홈플러스가 폐점하지 말고 사업을 그대로 하라는 압력인 셈이다. 대규모 할인점 영업을 규제해 장사가 잘 안되도록 해놓고 이제는 폐점도 자유롭게 하지 못하게 한다. 용적률이 낮아지면 그만큼 토지 가치가 떨어진다. 정부가 사유재산을 침해하면 당연히 정당한 보상을 해야 할 것이다.

감사원 지적에도 약속 어기는 서울시

수년 전 롯데그룹은 지하철 상암DMC역 인근 부지 6천여 평을 서울시로부터 쇼핑몰을 건설할 수 있는 조건으로 매입하였다. 그 후 인근 재래상인들이 반발함에 따라 상생 방안을 만들어 대부분 재래시장의 동의를 받았다. 그러나 서울시는 일부 상인들이 계속 반발한다고 수년째 사업 허가를 안 해주고 있다. 서울시 행위가 부당하다고 감사원 지적도 받았다. 서울시는 해당 부지를 쇼핑몰을 지을 수 있다는 조건으로 비싸게 판 후, 민원을 이유로 사업 허가는 지연시켰다.

민간 금융 기업에 손실 강요하는 정부

최근 코로나로 영세기업들이 어려움을 겪게 되자 정부는 금융기관에게 대출 만기를 연장하고 이자 지급을 유예토록 하였다. 일방적인 연장 조치였다. 영세기업 보호라는 명분으로 정부가 민간 금융 기업에 대해 아무런 보상 없이 장기간 손실을 강요해도 되는가? 일전에 금감원 고위 인사는 은행들이 일부 적자 점포를 폐쇄하려 하자 소비자 불편을 초래한다고 이를 자제토록 하였다. 은행이 적자 점포를 축소하는 일도 정부 눈치를 봐야 하는가?

탈원전 정책에 피해 보는 기업들

지난 문재인 정부는 탈원전 정책을 국민적 공감대 없이 추진하였다. 원전 건설은 장기간에 걸쳐 추진되므로 원전 장기계획에 따라 관련 업체는 장비 제작 등 미리 준비 작업을 해야 한다. 급격한 탈원전 정책으로 원전 장비를 준비하던 해당 기업은 엄청난 손해를 보게 되었다. 탈원전으로 전력 생산 원가는 올라가는데 전력요금은 정부에서 억제하고 한전 공대 신설 비용을 강제로 부담하게 되면서 한전은 2022년 32조 원의 적자가 났다. 상장 민간기업을 정부가 멋대로 규제해 아무 보상 없이 엄청난 손해를 보게 한 것이다.

사회에 확산된 전체주의 망령

위 사례의 공통점은 공공이익 명분이면 개인이나 기업의 사유재산은 침해해도 무방하다는 인식이다. 전체를 위해서 일부 개인의 희생은 정당하다는 전체주의 망령이 우리 사회에 확산되고 있다.

이런 분위기에서 기업 투자가 활성화될 수 있는가? 작년 우리나라 기업의 해외투자가 외국인의 국내 투자에 5배에 이른다. **정부는 빚내서 알바 같은 일자리 만드는 데 열중할 것이 아니라 기업이 정부 무서워 투자를 꺼리는 일이 없도록 해야 한다.** 경제는 법령이나 규제를 통해 살아날 수 없다. 경제는 경제 논리로 풀어야 한다. 규제를 대폭 축소하고 예측 가능성 있게 정책을 운용해야 한다. 사유재산권은 철저히 보장하되 공익 목적으로 이를 침해하는 경우 정당한 보상을 해야 한다.

③
경제 양극화 완화와 복지증대

AI, 로봇 등 기술발전과 경쟁격화로 경제 양극화가 확대되고 있다. 아울러 고령화 심화로 복지 수요는 급증하고 있다. 각종 선거 때마다 선심성 복지제도가 확대되고 있다. 복지증대는 필요하다. 그러나 포퓰리즘적 정책이 난무하면 지속 가능하지도 않고 미래세대에 재앙이 된다. 복지정책도 강화하되 선택과 집중으로 효율성을 높여야 한다.

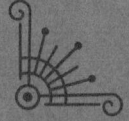

3-1. 양극화가 포퓰리즘 조장한다
3-2. 자살률 세계 1위, 자살 예방 노력 최선 다했나?
3-3. 보수도 평등, 복지 이야기해야 한다
3-4. 신분 상승이 어려워진 사회
　　　사회적 유동성 지표를 정기적으로 공표해야
3-5. 복지지출 효율성 높여야 : 보편적 복지 vs 선택적 복지

3-1 양극화가 포퓰리즘 조장한다

수년 전, 영국은 국민투표로 EU를 탈퇴하였다. EU 통합으로 대부분의 경제활동에서 국가 간 장벽이 없어졌다. 그 결과 영국이 오랫동안 경쟁력을 갖고 있던 국제금융 등의 서비스업은 발달했지만, 전통 제조업 등은 기술력이 강한 독일이나 인건비가 싼 동유럽 국가에 밀려 쇠퇴하게 되었다. 이로 인해 일자리를 잃게 된 영국의 노동집약적 산업 근로자들이 EU 탈퇴를 요구하게 된 것이다. 2016년 미국 대선에서는 예상을 뒤집고 트럼프가 대통령에 당선되었다. 미국·캐나다·멕시코의 NAFTA 등 각종 자유 무역 협정으로 개방이 확대된 영향이 컸다. 철강 등 전통 제조업 분야가 외국과의 경쟁에 밀려나면서 일자리를 잃게 된 미국 근로자들의 불만이 컸기 때문이다.

세계화로 인한 경제적 양극화의 비극

최근 이러한 현상은 각국에서 세계화로 인해 경제적 양극화가 심화되면서 빚어지는 일이다. 1990년대 WTO 체제가 확립되면서 세계화가 급속도로 진전되었다. 국가 간의 소득 격차는 크게 줄어들었고, 세계적으로 절대빈곤계층이 대폭 감소하였다. 그러나 세계화는 국가 내에서는 산업 간, 계층 간 양극화를 심화시켰다. 통계청에 의하면 2018년 우리나라 소득 상위 10%의 소득점유율이 하위 10%에 비해 13.9배로 늘어났다. 국제 경쟁력을 갖춘 기업들은 세계화로 급속한 성장을 이룩할 수 있었던 반면에 농업과 노동집약적 중소기업들은 값싼 개도국 제품의 수입 확대로 어렵게 되었다.

양극화를 촉진하는 과학기술 발전

양극화는 세계화 외에도 IT 기술 등 과학기술의 발전으로 더욱 심화되었다. 예를 들어, 스마트폰은 전화 기능 이외에 TV, 내비게이터, 카메라, 앨범, 녹음기, 수첩 등 수많은 기능을 한다. 그와 같은 제품을 생산하는 기업들의 인력은 줄어든 반면 스마트폰을 개발하는 일부 고급 과학기술 인력들은 높은 보수를 받게 되었다.

결론적으로 세계화, 정보화 등으로 계층 간 경제적 격차는 날로 커지고 있다. 양극화의 심화는 범 세계적인 현상이다. 양극화가 심화되면 합리적인 정책이 수행될 수 없다. 과거 산업혁명으로 인해 일자리가 줄어들자 기계화를 반대하는 Luddite 운동이 일어난 것이 좋은 예이다.

양극화로 인한 포퓰리즘의 등장

개방의 확대, 과학기술의 발달은 지속되어야 한다. 그러나 그 혜택이 일부 계층에 집중되고 대다수가 손해를 보게 된다면 그와 같은 발전은 지속되기 어렵다. 이론적으로 세계화로 인한 교역의 확대는 총량적으로는 모든 나라에 이익이 된다. 그러나 세계화로 국가 GDP가 늘어났다고 해도 내가 실직하거나 소득이 준다면 무슨 의미가 있는가? 최근 영국, 미국에서 일어나는 현상이 그런 것이다. 양극화로 인한 국민의 불만이 많아지면 이것을 이용하려는 포퓰리즘적 정치인이 나온다. '개방을 억제한다.', '부자 돈을 빼앗아 가난한 사람에게 나누어 주겠다.', '대기업의 기업 활동을 규제하겠다.' 등의 구호가 난무하게 된다. 경제 양극화가 지속되면 무분별한 복지 확대, 반시장적 기업규제 등을 막을 수 없을 것이다.

중독성이 강한 포퓰리즘

다행히 우리나라는 지난 문재인 정권의 지나친 반 시장주의와 현금 퍼주기 식 복지 확대의 부작용을 우려해 보수적인 윤석열 대통령을 선택했다. 그러나 선심성 복지를 경험한 국민은 비록 비효율적인 선심성 복지라도 그것이 줄어들 경우, 쉽게 반발할 가능성이 크다. 예컨대 아르헨티나는 좌파 정권의 포퓰리즘 정책으로 외환위기를 겪어 IMF에 구제금융을 신청하였다. 그 후 보수 정권이 무분별한 선심성 정책을 개선하려 하자 아르헨티나 국민은 외환위기를 초래했던 좌파 정권을 다시 선택하였다. 그러나 살인적인 물가상승과 실업 증가로 2023년 말 우파정권이 등장하였다.

보편적 복지로는 양극화 해소할 수 없어

정부는 포퓰리즘을 막기 위해 양극화를 완화하기 위한 정책을 강화해야 한다. 사회적 약자에 대한 복지 확대, 교육을 통한 기회 균등, 중소·창업기업의 지원 등을 강력히 추진해야 한다. 그동안 정부는 양극화 해소를 위해 복지지출을 늘렸는데 정부의 지출 규모 대비 국민의 체감효과는 떨어진다. 그 이유는 보편적 복지라는 이름 아래 많은 부분이 여유 있는 계층에게 누수되고 있기 때문이다. 예컨대 노인 인구 70%에 지급하는 기초연금은 대상 범위를 줄여 어려운 계층에 집중적으로 지원해야 한다.

복지지출의 효율성을 높이기 위한 조세제도, 재정지출의 개혁이 필요하다. 아울러 개방의 확대로 이익을 보고 있는 대기업도 관련 중소기업 지원 등 양극화 해소에 적극적으로 나서야 한다. 포퓰리즘이 확산되면 '있는 자'들의 피해 또한 클 것이기에 대기업과 고소득층도 양극화 완화에 관심을 가져야 한다.

3-2 자살률 세계 1위, 자살 예방 노력 최선 다했나?

사람은 누구나 행복하기를 바란다. 경제가 성장하면 행복도가 높아질 것으로 기대하지만 소득은 행복하기 위한 하나의 필요조건에 불과하다. 네팔이나 방글라데시 등 1인당 국민소득이 매우 낮은 나라의 국민 행복지수가 고소득 국가의 국민 못지않게 높다. 자살률은 행복도와 관련된 대표적인 지표이다. 사람은 정신적, 경제적 등으로 도저히 견딜 수 없을 때 극단적 선택을 한다. 자살률이 높은 나라가 행복한 나라라고 할 수 없다.

부끄러운 지표, 자살률 세계 1위

우리나라는 세계가 부러워할 정도로 빠른 경제 성장을 하였음에도 불구하고 자살률은 세계 최고이다. OECD 국가 중 우리나라가 자살률 1위이다. OECD 국가의 인구 10만 명당 자살자 평균이 11.2명인데 우리나라는 26.6명(2018년)이다. 2017년 24.3명에 비해 늘어났다. 참고로 일본은 14.9명, 미국이 14.5명, 영국은 7.3명이다. 우리나라 자살률이 높은 중요한 원인은 높은 노인자살률이다. 자살 예방 백서(2019)에 의하면 OECD 평균 노인 자살자가 18.8명인데 비해 우리나라는 58.6명으로 3배나 높다. 우리나라 노인 빈곤율이 외국에 비해 3배나 높은 것이 중요한 원인으로 분석된다.

2018년 경찰청 분석에 의하면 자살 원인은 정신과 문제(31.6%), 경제문제(25.7%), 질병(18.4%), 가정문제(7.9%) 순이다. 노년층은 생활고와 질병이 자살의 주요 요인이고, 30~50대는 경제문제가 가장 큰 요인이다. 일전에 탈북자 모자가 굶어 죽은 채로 발견되어 충격을 준 일도 있었다. 특기할 만한 것은 최근 청소년 자살률이 급증하고 있는 점이다. 최근 5년간 청소년(9세~24세) 자살률은 연평균 5.2% 늘었다. 학교폭력, 성적 스트레스 등이 원인으로 분석된다.

자살 예방 노력 최선을 다했나?

이렇게 자살률이 장기간 세계 1위 자리를 지키고 있는데도 국민적 관심은 매우 미흡하다. 교통사고나 산업재해는 이를 줄이기 위해 많은 노력을 하고 있지만, 자살 예방에는 정책적 노력이 별로 없다. 2000년 교통사고 사망자는 1만 236명, 자살자는 6,522명, 산업재해사망자는 2,528명이었다. 정부는 교통사고를 줄이기 위해 전담기관으로 1981년 한국교통안전공단을 설립하고 범부처적으로 각종 대책을 추진했다. 산업재해 사망자는 자살자보다 훨씬 적었음에도 사고 방지를 위해 1987년 산업재해 예방 전문기관으로 한국산업안전보건공단을 설립했다. 최근에는 안전사고 처벌을 강화하기 위해 중대재해법까지 만들었다. 반면 자살 예방을 위해서는 이보다 한참 뒤인 2011년 중앙자살예방센터가 설치되었다. 위에서 언급한 기관들의 인력과 예산도 현격히 차이가 난다. 2020년 한국교통안전공단 예산은 3,810억 원, 인력은 1,703명, 한국산업안전보건공단 예산은 4,448억 원, 인력은 2,202명인데 비해 중앙자살예방센터 예산은 117억 원, 인력은 고작 43명이다. 정책 노력을 전담기관의 예산과 인력만으로 평가하는 것은 무리가 있지만, 자살 예방에 대한 정부 노력이 매우 부족하다는 점은 분명하다.

노력 부족에 따른 극명한 차이

이와 같은 정책의 결과 2019년 교통사고 사망자는 2010년에 비해 68% 줄어든 3,349명이 되었고, 산업재해 사망자는 66% 줄어든 855명이 되었다. 반면 자살자는 오히려 98% 늘어나 1만 2889명이 되었다. 최근 코로나-19 방역에 있어 우리나라는 세계적인 모범국이 되었다. 반도체, 조선, 자동차 등 제조업뿐만 아니라 영화, 드라마, K-pop 등 문화면에서도 괄목할 만한 발전을 나타내고 있다. 그런데 10여 년간 자살자 세계 1위가 지속되고 있는 것은 부끄러운 일이다. 교통사고, 산업재해 사고는 줄이려고 집중적으로 노력하여 효과가 나타나는데 왜 자살 예방은 소홀히 하는가?

경제 성장, 고용증진, 복지증대는 모두 잘 살려는 것인데 죽으면 무슨 의미가 있는가? 자살자는 대부분 사회적 약자이고 이들을 대변할 특정 계층도 없다. 그것만으로도 우리 사회가 이 문제를 얼마나 소홀히 취급하고 있는지 알 수 있다.

자살 예방 노력을 강화해야 한다. 자살의 원인은 다양하다. 한두 가지 정책으로 자살을 예방하기는 어렵다. 노인자살은 대부분 생활고와 질병으로 인한 것이다. 선별적 복지를 확대해 복지 사각지대를 없애야 한다. 중장년과 청소년 자살은 경쟁적 사회, 소통 및 배려 부재 등이 중요 원인으로 분석되고 있다. 최근 급증하는 '묻지 마 범죄'도 이와 밀접하게 관련되어 있다고 본다. 자살 방지를 국정 우선 과제로 선정하여 범부처적으로 강력히 추진해야 한다.

3-3 보수도 평등, 복지 이야기해야 한다

현재 국회는 진보적인 야당이 다수당이다. 보수는 자유와 시장 경제 체제를 가장 중요한 가치로 생각한다. 반면에 진보는 평등을 강조한다. 성장의 과실을 골고루 배분하는 것을 지향한다. **보수는 '배고픈 것' 해결**에 중점을 둔 반면 **진보는 '배 아픈 것' 해결**에 중점을 둔다고 볼 수 있다.

격차 확대로 배 아픈 사회

우리나라는 1960년대 경제발전을 시작한 이래 급속한 경제 성장을 이루어냈다. 1970년대와 1980년대는 경제 성장의 낙수효과(trickle down effect)도 커서 비교적 모든 계층이 고루 잘 살게 되었다. 그러나 1990년대 이후 세계화로 국경 없는 무한 경쟁 시대가 시작되면서 양극화가 심화되기 시작했다. 국제 경쟁력을 확보한 기업은 기회가 확대된 반면, 정부 보호로 지탱하던 기업 등은 어려워졌다. 그 결과 기업 간, 계층 간 소득 격차가 확대되었다. '배 아픈' 문제가 심화되었다. '배 고픈' 문제는 그동안 경제 성장으로 대부분 해결되었으나 아직도 미흡한 부문이 많다. 예컨대 우리나라가 노인자살률이 세계 1위인데 가장 큰 원인은 노인 빈곤이다. 최근 코로나 유행으로 많은 자영업자, 일용직 근로자 등이 생활고에 시달리게 되었다. 우리 주변에는 아직도 생존을 걱정하는 사람들이 많다.

평등을 최고의 가치로 하는 진보는 경제 양극화 심화라는 시대 여건을 활용하여 그동안 집권에 성공하였다. 좌파 정부는 평등 증진을 핵심 공약으로 내세운다. 최저임금의 급격한 인상, 비정규직 근로자의 정규직화, 노인·아동수당 인상, 재난지원금 지급 등 다양한 정책을 추진하였다.

배 아픈 문제에 소홀했던 보수

그동안 보수계층은 평등과 복지증진 문제를 상대적으로 소홀히 대했다. 과거 경제개발의 낙수효과가 컸던 시절과 같이 수출이 잘 되고 경제가 성장하면 모든 것이 잘 될 것으로 생각했다. 이명박, 박근혜 보수 정권들은 4대강 사업, 녹색성장, 창조경제 등 성장을 강조했다. 이들 모두 중요한 국가 과제이지만, 국민은 경제 성장의 과실을 체감하지 못하고 오히려 부의 격차만 확대되었다고 생각하는데 정부는 이를 간과한 것이다. 진보는 포퓰리즘이라고 비난을 받을지라도 평등과 복지증진에 대한 나름대로의 비전을 제시하고 있었지만, 보수는 진보가 제시하는 대책들이 포퓰리즘이라 비판만

하면서 국민이 납득할 만한 대안을 제시하는 데에는 미흡했다. 그동안 보수는 규제 완화, 기업하기 좋은 나라, 작은 정부 등을 강조하여 국민이 원하는 평등과 복지에는 관심이 적은 기득권 집단으로 비치고 있다.

배고픈 문제뿐 아니라 배 아픈 문제도 챙겨야

이제부터 보수는 현재 시대적 과제인 사회안전망 확대, 양극화 해소, 사회적 유동성(social mobility) 확대에 대해 적극적으로 비전을 제시해야 한다. 주거비 안정은 생계 안정과 저출산 대책의 핵심 과제이다. 공공주택, 임대주택 공급을 획기적으로 확대해야 한다. 도로 건설보다 주거비 안정이 더 시급하다. 그리고 공교육을 충실화하여 사교육비를 줄여야 한다. 사교육비 부담 경감은 노후 빈곤 대책이기도 하다. 가난한 집 자녀도 성공할 수 있도록 사회적 유동성 증진 종합 대책을 만들어야 한다. 영세 자영업자에 대한 고용보험 확대 등 사회안전망을 확충해야 한다. 생활고로 자살하는 사람이 없도록 해야 한다. 사회안전망 확대, 양극화 해소를 위해 재정지출 확대는 필요하다. 그러나 그것을 이유로 국가부채 증가를 정당화해서는 안 된다. 복지지출 확대에도 불구하고 재정 건전성이 유지되도록 재정 운용을 혁신해야 한다. 복지지출은 필요한 계층에 대한 선택적 지원이 되어야 한다. 비효율적인 세출 구조 개혁을 실시해야 한다.

영국 보수당을 타산지석 삼아야

인류가 발전하기 위해서는 자유, 시장경제가 중요하다. 그러나 경제 양극화가 심화될 경우 포퓰리즘이 득세하여 베네수엘라같이 자유는 실종되고 오히려 빈곤이 심화되는 국가가 되기 쉽다. 따라서 자유, 시장경제 체제 유지를 위해서는 불평등이 확대되지 않고 사회가 통합되어야 한다. 영국의 보수당이 300년간 보수의 이념을 유지하고 집권 세력으로 존속할 수 있는 것은 당시의 시대적 과제들을 유연하고 선제적으로 수용해왔기 때문이다. 한국의 보수는 이를 타산지석으로 삼아야 한다.

3-4 신분 상승이 어려워진 사회
사회적 유동성 지표를 정기적으로 공표해야

이상적인 사회는 빈부격차가 없이 고루 잘 사는 사회일 것이다. 과거 공산주의는 '능력에 따라 일하고 필요에 따라 배분받는다.'고 하여 절대적 평등을 추구하였다. 그러나 누구나 똑같이 분배받는 절대적 평등을 추구하면 그 사회는 다 같이 못 살게 된다. 열심히 일한 사람이나 게으른 사람이나 결과적으로 똑같이 분배를 받는다면 누가 열심히 일할 것인가?

과거 : 개천에서 용이 날 수 있었던 사회

우리가 추구해야 할 평등은 기회의 평등이다. 부모의 배경이나 출신 지역, 학벌 등에 관계 없이 본인의 노력에 따라 성공할 수 있어야 한다. 즉 개천에서 용이 날 수 있는 사회가 되어야 한다. 우리도 한때는 개천에서 용 나는 사회였다. 과거에는 대부분 가난하여 오늘날의 재벌과 같은 기득권층이 별로 없었다. 박정희 대통령, 김대중 대통령, 정주영 회장 등 대부분의 정계, 재계 인사들은 대부분 가난한 가정에서 태어나 본인의 노력으로 성공한 입지전적인 인물이다. 그러나 그동안 경제발전을 하면서 최근에는 각계각층에서 성공한 사람들이 기득권층을 형성하게 되었다. 재벌, 정치인, 의사, 변호사 등 나름대로 우리 사회에도 보이지 않는 계급사회가 형성되기 시작하였다. 현재 우리나라 대기업의 CEO는 대부분이 부모로부터 물려받은 2, 3세대이다. 삼성, 현대, SK, LG, 한화, 두산, 롯데 등 모두 물려받은 경우이다. 반면에 미국의 Apple, Microsoft, Tesla, Google, Meta, Amazon의 오너들은 모두 스스로 창업한 부자들이다.

현재 : 신분 상승이 어려워진 사회

신분 상승이 과거보다 어렵게 된 것이 현실이다. 예컨대 서울대, 연세대, 고려대 등 명문 대학의 학생 중 저소득층 출신이 과거보다 훨씬 줄어들었다.

당초 제도 도입 취지는 좋았으나 결과적으로 사회적 유동성(social mobility)을 떨어뜨린 예도 많다. 그중 하나가 로스쿨 제도이다. 우리나라에서 신분 상승이 될 수 있는 대표적인 방법이 사법시험에 합격하여 판사, 검사, 변호사가 되는 것이다. 과거에는 중·고등학교만 나와도 사시에 합격하면 법조인이 될 수 있었다. 사시 제도가 있어서 고졸자인 노무현 대통령이 변호사가 될 수 있었다. 그러나 이제는 법조인이 되려면 막대한 교육비를 부담하면서 대학은 물론, 대학원까지 졸업해야 한다. 로스쿨은 법조인의 자질 향상이란 취지에서는 긍정적인 측면이 있으나 사회적 유동성 면에서는 부정적 영향을 가져왔다. 가난한 집 자녀가 법조인이 될 수 있는 장학금 제도 확충 등 좀 더 세심한 배려가 있어야 한다.

　고교 평준화도 초기에는 사교육비 경감과 교육 기회의 균등이라는 명분 아래 도입되었다. 하지만 현실은 과거보다 저소득층 자녀들이 명문 대학 입학하기가 더 어려워졌다. 복잡한 입학제도 등으로 부모가 초등학교부터 잘 관리하지 않으면 좋은 대학 들어가기가 더 어려워진 것이다. 저소득층 부모들은 이와 같은 관리를 하기가 어렵다.

희망 있는 사회가 되려면

　사회적 유동성 증대는 중요한 국정과제로 추진되어야 한다. 우리 사회는 차츰 계급사회가 되면서 사회적 유동성, 즉 계층별 신분 상승이 과거보다 더 어려워지고 있다. 인간은 지금 당장은 어렵더라도 미래에 희망이 있으면 참고 견디게 된다. 그러나 열심히 노력해도 잘 될 희망이 없다면 좌절하게 되고 나아가 사회체제를 불신하게 될 것이다. 사회적 유동성을 높이려면 어떻게 해야 할까?

사회적 유동성 지표 개발 및 공표

　사회적 유동성의 지속적 제고를 위해서는 사회적 유동성 지표를 개발하여 정기적으로(예. 매 3년) 공표해야 한다. 사회적 유동성이 중요성에 비해 사회적 관심을 받지 못하는 이유는 사회적 유동성과 관련하여 경제성장률같이 국민적 관심을 끌 신뢰할 만한 지표가 없기 때문이다. 예컨대 지난 5년간 사회적 유동성이 크게 떨어졌다는 지표가 발표되면 그 원인 분석과 대책에 대한 논의가 활발하게 이루어질 것이다.

사회적 유동성 전담 기구 설립

사회적 유동성 제고를 위한 문제 제기와 제도 개선을 추진할 전담 기구가 정부 내에 있어야 한다. 로스쿨 제도 도입 등 각종 제도 개혁 시 사회적 유동성에 미치는 영향을 분석, 평가하고 대안을 제시하는 것이 필요한데 현재는 정부 내에 이와 같은 문제에 관심을 가지고 문제를 제기하는 기관이 전혀 없다. '사회적 유동성 제고 위원회' 같은 기구가 필요하다.

공교육의 충실화

교육은 신분 상승을 위한 중요한 통로이다. 이를 위해서는 공교육의 충실화가 중요하다. 학교에서는 부자나 가난한 사람 모두 같은 조건에서 공부한다. 그러나 학교 교육이 부실해지면 가난한 사람이 불리해진다. 예컨대 영어는 오늘날 사회에서 성공하기 위한 중요한 요소 중의 하나이다. 만일 학교의 영어교육이 부실하면 가난한 아이들은 사교육으로 이를 보충하기가 어렵지만, 부잣집 아이들은 사교육을 통해 이를 보완할 수가 있다. 공교육이 부실할수록 가난한 아이들은 경쟁에서 불리해진다. 그런데 안타깝게도 우리의 현실은 공교육의 부실화로 교육을 통한 신분 상승이 더욱 어려워지고 있다. 고교 무상교육, 무상급식, 교복·체육복 무상 지급 등 교육 복지에 치중한 반면, 공교육 활성화는 제대로 안 되고 있다. 과거 무상급식 재원을 마련하려고 원어민 교사를 대폭 줄인 것이 대표적 예이다. 개천에서 용 나는 사회를 위해서는 공교육 충실화가 시급하다.

선거 때만 일시적으로 경제 양극화 해소를 주장할 것이 아니라 평소에 사회적 유동성 제고를 중요 국정과제로 인식하여 관련 시스템 개선 등의 노력을 지속적으로 추진해야 한다.

3-5 복지지출 효율성 높여야
: 보편적 복지 vs 선택적 복지

자본주의 제도에서 자유로운 경제활동이 보장되면 창의성이 제고되어 국가 전체적으로 효율성과 생산성이 높아져 경제 성장이 이루어진다. 그러나 경쟁에서 밀려나 어려워지는 계층이 불가피하게 발생한다. 시장 기능만으로는 사회적 약자 지원이 어려우므로 국가의 개입이 필요하다.

이 경우 국가는 정부 지출, 세제 지원 등 다양한 방법으로 사회적 약자를 지원하고 소득분배를 개선토록 노력한다. 지원방법은 크게 나누어 수혜 대상을 소득 등으로 구분하지 않고 똑같이 지원하는 보편적 복지와 수혜 대상을 선별하여 일부 계층만 지원하는 선택적 복지가 있다. 예컨대, 65세 이상 노인에 대해서는 소득과 상관없이 모두에게 지하철 요금을 무료로 하는 것은 보편적 복지이고, 기초연금을 65세 이상 노인 중 소득 하위 70%에게만 지급하는 것은 선택적 복지이다.

선택적 복지를 해야 하는 이유

재정지출, 조세 지원 모두 재원의 한계가 있으므로 한정된 재원으로 지원 효과가 극대화될 수 있으려면 선택적 복지가 바람직하다고 본다. 보편적 복지는 지원 대상을 선별하는 것이 단순하므로 지원 대상 차별에 따르는 사회적 갈등이 없고 행정비용도 절약되는 장점이 있다. 일부에서는 고소득층도 복지의 혜택을 받으므로 조세저항도 적어진다고 주장한다. 그러나 보편적 복지는 소득과 무관하게 무차별적으로 균등하게 지원하므로 지원의 필요성을 못 느끼는 고소득층까지 지원한다. 그 결과 정작 지원을 절실히 원하는 사회적 약자에게는 충분한 지원이 이루어지지 않는다. 즉 정부가 돈을 썼는데 부자는 고마움을 못 느끼고 가난한 사람은 부족감을 느끼게 된다.

따라서 지원 대상의 선별에 어려움이 있고 행정비용이 일부 증가하더라도 필요한 사람에게 집중 지원하는 선택적 복지가 바람직하다. 이런 점에서 현재 65세 노인에게 제공되는 지하철 무임승차나 모든 학생에 대한 무상급식 등도 소득에 따라 선별하는 것이 합리적이라고 본다. 무상급식의 경우 저소득 자녀들이 무료급식을 받을 경우 위화감을 느낀다고 하나 그 문제는 학부모가 급식비를 은행에 납부하도록 하는 등의 방법으로 해결이 가능하다.

원가 이하의 전기 요금, 고소득층 특혜일 뿐

최근 전기 요금의 경우 국민 생활 안정을 명분으로 원가 이하로 판매하여 한전이 막대한 적자를 나타내고 있다. 이 경우 전기 요금을 적정한 수준으로 올리고 요금 인상으로 어려워진 저소득층에는 '에너지 지원금'을 주는 것이 합리적이라고 본다. 실제 전기를 많이 소비한 계층은 고소득층인데 원가 이하의 전기 요금을 유지하는 것은 이들에게 막대한 보조금을 주는 결과가 되고 있다.

일전에 코로나로 정부가 지원금을 전 국민에게 지급하였는데, 이것도 소득에 따른 선별 지원이 합리적이라고 생각된다. 선별 지원의 경우 경계선상에 있는 계층은 불만이 있을 수 있다. 따라서 각종 소득 통계 등을 정확히 분석하여 지원 차등에 따른 사회적 갈등을 최소화하여야 한다. 우리나라의 경우 정부 개입 전후 소득분배 개선 효과가 다른 나라에 비해 적다. OECD에 의하면 우리나라 복지지출의 효율성이 29개 회원국 중 28위다. 그 이유는 지원이 필요한 저소득층에 집중 지원하지 않고 모두에게 주는 보편적 복지지출이 많기 때문이다.

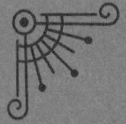

4

저출산 고령화 대책 획기적으로 강화해야

2022년 우리나라 합계 출산율은 0.78명으로 세계 꼴찌이다. OECD 국가 중 합계 출산율이 1명 이하인 국가는 한국이 유일하다. 우리나라 인구는 2021년부터 줄어들고 있다. 2050년에는 고령화율이 40%를 상회할 전망이다. 인구의 40%가 노인인 국가가 제대로 기능할 것인가? 역대 정부가 저출산 문제의 중요성을 이야기하지만 대책 추진실적은 매우 미흡한 실정이다. 저출산은 국가 존립의 문제인데 당장의 일이 아니라고 무관심하다.

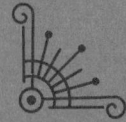

4-1. 최저 출산율로 대한민국이 소멸한다
4-2. 저출산은 정부의 안일한 대책으로 인한 인재(人災)이다
     약은 쓰지도 않으면서 '저출산 문제는 백약이 무효'라고 한다.
4-3. 세계에서 가장 강력한 저출산 대책 추진해야

4-1 최저 출산율로 대한민국이 소멸한다

저출산 고령화 추세는 날로 심각해지고 있다. 2022년 합계 출산율은 0.78명으로 세계 최저 수준인데 2023년에는 0.7명 이하가 될 것으로 예측된다. 최근 통계청이 2020-2070 인구추계를 발표했다. 고령화 비율(65세 이상 인구/총인구)은 2020년 15.7%에서 30년 25.5%, 50년 40.1%, 70년 46.4%가 될 전망이다. 2021년부터 인구가 감소하기 시작했으며 15세~64세 경제활동인구는 2017년부터 감소하고 있다. 총인구는 2020년 5,184만 명에서 2070년에는 최저 시나리오 경우 3,153만 명으로 대폭 줄어든다. 2045년경에는 우리나라의 고령화율이 현재 세계 최고령 국가인 일본을 추월하게 된다.

노인 인구가 40%인 나라의 모습

급격한 저출산 고령화는 국가 존립을 위태롭게 한다. 노인이 40% 이상인 나라를 상상해 보라. 소비와 생산 모두 위축될 것이다. OECD는 2033년 이후 우리나라 잠재성장률이 0%대에 진입할 것으로 전망하였다. 그렇게 되면 노인 인구의 증가로 연금, 의료 등 복지비는 증가하는데 조세 수입은 감소해서 국가부채가 급증할 것이다.

연금 재정 고갈

국민연금은 고갈 시기가 빨라져 2055년에는 고갈된다. 이 경우 보험료율은 현재 9%에서 20% 이상으로 높아져야 한다. 공무원연금과 군인연금은 이미 적자여서 2022년 4.8조 원을 세금으로 지원하였는데 향후 지원 금액이 더 확대될 것이다. 사학연금도 2048년 완전고갈될 전망이다. 향후 고갈 시 국고지원이 불가피할 것이다. 국민건강보험도 문재인 케어 등 지출이 늘어나고 고령화 지속 등으로 급격한 보험료율 인상과 국고지원이 불가피할 것이다.

국방력 저하

국방도 어려워질 것이다. 2022년 출생자가 25만 명인데 미래에는 20만 명 수준으로 줄어들 것이다, 이 경우 남자아이는 10만 명 정도인데 어떻게 현재 60만 명의 병력을 유지할 수 있겠는가? 모병제로 갈 수밖에 없을 것이다. 모병제의 경우 막대한 인건비는 또 어떻게 조달하나?

치솟는 국가 부채비율

정부는 국가 부채비율이 50% 수준이어서 외국에 비해 낮다고 걱정할 일이 아니라고 한다. 그러나 최근 국가부채 증가 속도가 최고 수준이다. 2010년 10%에서 2022년 51%로 5배가 되었다. 일본의 경우 현재 우리나라의 고령화 비율 15%와 비슷한 1990년대에 국가 부채비율이 60% 수준이었다. 그러나 현재 일본 고령화 비율이 28%인데 국가 부채비율이 250% 수준이다. 향후 우리나라 고령화 비율이 40%를 상회할 경우에 국가 부채비율은 얼마나 될까?

지방 소멸

재정이 악화되면 각종 인프라 신규투자는커녕 관리도 어려워지고 교육, 의료 서비스도 어려워질 것이다. 또 인구 부족으로 대부분 중·소도시, 군(郡) 단위 지방은 소멸할 것이다. 고용정보원에 의하면 2023년 5월 기준으로 전국 228개 시군구에서 소멸위험지역(소멸위험지수가 0.5 미만인 지역. 소멸위험지수는 20~39세 여성 인구를 65세 이상 인구로 나눈 값이다.)은 118곳(52%)이다. 이 중 소멸고위험지역(소멸위험지수가 0.2 미만인 지역)은 51곳(22%)인데 앞으로는 급속하게 늘어날 것이다. 이미 제조업, 농업, 건설업에서는 인력 부족으로 애로를 겪고 있는데 여기에 간병 인력 부족까지 가중되면 국가가 지탱하기 어려울 것이다. 현재의 출산율이 지속되면 미래 대한민국은 국가기능을 수행할 수 없게 된다.

4-2 저출산은 정부의 안일한 대책으로 인한 인재(人災)이다

약은 쓰지도 않으면서 '저출산 문제는 백약이 무효'라고 한다

저출산 문제는 자녀에 대한 가치관의 변화, 여성의 사회 진출 확대 등 복합적인 요인이 작용하므로 단기간에 해결이 어려운 것은 사실이다. 그럼에도 불구하고 그동안 역대 정부의 대책은 한가하기 그지없다.

약은 제대로 쓴 적이 있는가?

정부는 그동안 저출산 고령화 대책위원회도 만들고 종합 대책도 추진하고 있다. 2006년부터 2022년까지 약 280조 원을 저출산 대책에 투입하였다고 한다. 전문가 분석에 따르면 그중 60% 정도는 행복 주택, 청년 주거예산, 주택 구입, 전세자금, 다문화 가정 지원 등 간접 지원 비용인데, 이들 비용은 국제 기준으로 저출산 대책비에 포함되지 않는다. 아동수당, 보육시설 지원 등 국제 기준에 맞는 저출산 대책비는 2019년 GDP의 1.5%로 OECD 평균 2.4%에 크게 못 미친다. 프랑스(출산율 1.8명)는 3.9%, 영국(출산율 1.7명)은 3.8%를 투입하고 있다. 세계 최저 출산율을 나타내고 있는 우리나라의 저출산 대책비는 외국의 50% 수준이다. '저출산 문제는 백약이 무효'라고 하는데 실상은 제대로 약 한 번 쓴 적 없다.

턱없이 부족한 아동수당

아동수당의 경우 독일, 프랑스, 영국, 일본 등 주요국은 합계 출산율이 1.3명 이상인데도 16~18세까지 매월 15만 원~30만 원을 지급하고 있다. 우리나라는 8세까지 10만 원을 지급한다. 반면에 노인 인구의 70%에 대해서는 월 30만 원 이상의 기초연금을 지급하고 있다.

여전히 부족한 보육시설

보육시설 부족과 보육 서비스에 대한 불만도 방치하고 있다. 역대 정부가 공공 어린이집과 국공립 유치원 시설을 확대한다고 하였다. 2016년 공공 어린이집 이용률 23%를 2025년 50%까지 늘리겠다고 한다. 승객도 별로 없는 지방공항 건설에는 열심이면서 출산율은 급격히 떨어지는데 보육시설 늘리는 건 왜 그렇게 느린가? 맞벌이 부부들이 아이 맡길 데가 없다는 이야기가 나온 지 오래되었다. 소아과 의사가 부족해서 아이가 아파도 제대로 치료를 못 받는다고 한다. 이들 문제는 정부가 재정 지원을 대폭 확대하면 단기간에 해결할 수 있는 일이다. 지구상 최저 출산율로 국가 존립이 걸린 과제인데도 한가하게 매년 조금씩 증액하는 방식으로 대응하고 있다.

우리만 한가하다

　헝가리는 출산율이 1.3명 수준인데 젊은이가 결혼하면 4천만 원 정도를 융자해주고, 아이 1명 낳으면 이자 면제, 2명 낳으면 원금 1/3 면제, 3명 이상 낳으면 전액 면제하고 있다. 최근 일본은 세 자녀 이상이면 대학등록금 면제를 추진한다고 발표하였다. 우리나라보다 출산율 문제가 덜 심각한 나라는 각종 아이디어를 내는데 우리는 약을 쓰지도 않으면서 '백약이 무효'라고 하고 있다.

한가로워 보이는 대응 사례

　정부가 저출산 대책에 의지가 없는 예는 많다. 3차 저출산 대책(2016년)에 2020년 출산율 목표를 1.5명으로 하였는데, 2018년 12월에는 합계 출산율 목표를 아예 폐기하였다. 될 것 같지도 않으니 아예 목표 설정도 해보지 않고 없애버린 것이다. 우리나라 장래가 정말 걱정된다. 저출산 대책 컨트롤 타워도 미약하기 그지없다. 저출산대책위 위원장은 대통령인데 2023년 3월 윤석열 대통령이 7년 만에 회의를 주재하였다고 한다. 또한, 실질적 책임자인 부위원장은 그동안 전·현직 국회의원들이 잠깐씩 거쳐 가는 자리로 활용되었다. 현재 부위원장도 저출산대책위 상임위원이 된 지 1년도 안 된 교수님이라 기재부, 법무부 등 관련 부처들과 정책 조정을 원활히 할 수 있을지 우려된다. 저출산 위원회 사무국 기능은 보건복지부가 하는데, 중요 정책의 총괄 조정 경험도 적고

타 부처에 대한 영향력도 적어 기재부, 법무부, 국토부 등의 협조를 받는 것도 어려운 현실이다.

저출산 고령화 문제는 예정된 일이다. 그럼에도 역대 정권은 이 문제에 무관심했다. 그 이유는 문제의 심각성이 체감되는 것이 20-30년 후 일이므로 현재 대책을 강구해도 생색도 나지 않고, 대책을 안 해도 누구도 비난하지 않기 때문이다. 문재인 정부가 국민연금 고갈 시기가 당겨지는데도 개혁을 기피한 것이 대표적인 예이다.

국가 존립을 위태롭게 하는 저출산 고령화의 문제 해결을 위해 특단의 대책이 시급하다.

4-3 세계에서 가장 강력한 저출산 대책 추진해야

인구가 지속적으로 감소하여 미래 국가 존립이 위태롭다. 저출산 문제 해결을 위해 지나치다 싶을 정도로 파격적인 대책을 강구해야 한다.

저출산 극복을 위해서는 다음과 같은 과제 해결이 급선무라고 생각된다.

첫째, 자녀 양육비 절감이다. 저출산의 가장 큰 요인은 자녀가 주는 혜택(BENEFIT)보다 양육하는 데 들어가는 비용(COST)이 너무 크다는 것이다. 자녀가 주는 혜택은 가치관에 관한 것이므로 정부가 단기간에 해결하기 어렵다. 그러나 가장 중요한 요인인 자녀 양육비용 절감 문제는 정부 노력으로 상당 부분 해결할 수 있다. 실제 각국 정부도 이를 위한 재정 지원에 집중하고 있다. 그런데 우리 정부는 지원에 매우 인색하다. 우리도 국제 기준 저출산 지원 재정지출을 현재 GDP의 1.5%에서 3% 수준으로 제고해, 양육비용을 대폭적으로 절감해 주어야 한다. 정부가 재정 지원으로 할 수 있는 대책은 단기간에 추진을 완료해야 한다. 몇 가지 대책을 예시적으로 제시한다.

아동수당 18세까지 월 50만 원 지급

우선 현재 8세 미만 아동에 주는, 월 10만 원 아동수당을 18세까지 월 50만 원 수준으로 높여야 한다. 소득 하위 70% 가구 자녀에 지급할 경우 연간 20조 원이 소요된다. 2023년 노인에게 주는 기초연금이 22.5조 원이고, 10년 후에는 34조 원을 능가할 전망이다. 2021년 아동수당은 2.2조 원에 불과하다. 고령화로 연금과 의료비가 급증할 경우 늘어날 재정 부담에 비하면 아동수당 증대로 출산율을 높이는 것이 더 효율적이다. 독일은 18세까지 월 30만 원 수준의 아동수당을 지급하고 있다. 현재 초·중·고 학생 교육지원에 내국세의 21%가 지방교육재정 교부금으로 지원되는데 저출산으로 돈이 남는다. 2006년에 비해 2022년 학생 수는 33% 줄었는데 교부금은 2.6배가 되어 64조 원이 되었다. 이들 재원을 활용하면 아동수당 증액이 가능할 것이다.

보육시설 확충으로 보육비 무료화

국공립 보육시설을 확충하거나 민간시설 지원 강화를 3년 안에 완료해서 보육이 더는 부담이 안 되도록 해야 한다. 텅 빈 공항 건설이나 시급하지도 않은 도로 등에 막대한 돈을 쓰면서 보육시설 지원에는 왜 그렇게 인색한가? 보육시설도 제대로 안 하고 저출산 대책이 효과가 없다고 하나?

둘째, 주거비를 경감해 주어야 한다.

주거문제가 해결 안 된 상태에서 아이를 기를 생각은 못 할 것이다. 신규 주택 분양 시 자녀 있는 가정에 우선권을 주고, 주택 구입 자금을 저리로 융자한 후 헝가리식으로 자녀 2명 이상이면 이자는 물론 원금 일부도 탕감해 주어야 한다.

셋째, 여성이 출산과 육아로 경력 단절이 안 되도록 해야 한다. 최근 여성들의 경제활동이 활발해지고 있다. 많은 여성이 육아비용은 문제가 안 되는데도 육아로 인한 경력 단절을 우려해 출산을 기피하고 있다. 현재 저출산 대책 중 이점이 가장 취약하다. 기업은 당장 기업의 부담이 됨으로 여성의 출산과 육아 지원에 소극적이다. 기업은 육아를 위한 근무시간 조정, 직장 보육시설 설치, 아빠 육아휴직 활용 등 여성이 경력 단절이 안 되도록 적극 노력해야 한다. 정부는 저출산이 지속될 경우 수요부족, 노동 공급 부족 등 기업 여건이 악화된다는 점을 홍보하여 기업의 협조를 유도해야 한다.

대통령이 재벌그룹 회장, 경제단체장들을 초청해 육아로 여성들이 경력 단절이 안 되도록 근무여건 개선을 설득해야 한다.

이를 위해 경제 단체에도 '저출산 대책위원회'를 설치토록 해야 한다. 정부는 여성의 경력 단절 방지를 위한 기업의 부담이 최소화 되도록 세제 등 각종 지원을 강화해야 한다. 아울러 정부는 기업의 직원 출산을 적극 지원하는 '한미 글로벌' 같은 회사를 우대함으로써 근로자 출산 지원이 확산되도록 유도해야 한다.

넷째, 이민 장려, 외국인 가사도우미 취업 허용

출산율 제고에 한계가 있으므로 이민을 적극적으로 수용하고 관련 조직도 강화해야 한다. 우리나라와 일본은 다른 선진국에 비해 이민에 소극적인 국가이다. 이민자 비율이 전체 국민의 1.5% 수준에 불과하다. 기존 근로자뿐만 아니라 고급인력 유치에도 노력하고 외국인이 쉽게 정착할 수 있는 사회 여건을 조성해야 한다. 싱가포르는 외국인 가사도우미 취업을 대폭 허용해 육아비용도 줄이고 여성의 경제활동도 활성화하고 있다. 우리나라도 이를 도입할 필요가 있다.

다섯째, 컨트롤 타워 변경, 보건복지부 → 기획재정부

기획재정부가 컨트롤 타워가 되어야 한다. 저출산 고령화 대책은 모든 부처와 관련이 있고 막대한 재정이 투입되어야 한다. 저출산 고령화의 형식적 사령탑이 저출산 고령화 위원회이고 실무를 보건복지부가 맡고 있는데, 보건복지부의 위상으로 예산, 이민 정책, 교육 등 복잡한 과제를 해결해 나가기 어렵다. 정부가 이러한 문제를 보건복지부에 맡기는 것이 바로 무관심의 표시이다. 일본은 합계 출산율이 우리보다 훨씬 높지만(1.3명) 저출산 고령화를 전담하는 장관급인 '인구 총 1억 명 활약 담당상'을 두고 있다가 2022년 4월부터 '어린이가족청'을 설치하였다.

일부에서는 '출산 장려는 백약이 무효'라고 한다. 그러나 실제로 약을 제대로 쓰지도 않으면서 병이 낫기를 기대하고 있다. 저출산

문제가 세계에서 가장 심각한 우리나라는 세계에서 가장 강력한 대책을 추진해야 한다.

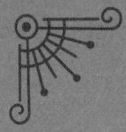

5

주택 정책, 발상의 전환 필요

의식주 중 아직 해결 안 된 것이 주택문제이다. 역대 정부가 주택문제 해결에 노력하였으나 실패한 것은 경제 논리보다는 정부의 규제에 집중했기 때문이다. 주택가격은 수요 공급 원리가 작동 안 하는 것으로 인식하는 경우가 많다. 예컨대 아파트 가격이 오르는데 재건축을 억제하여 공급을 축소하고 임차인을 보호한다고 임대주택 공급을 줄이는 정책을 추진한다. 주택 정책도 원칙적으로 시장 원리에 따라 추진해야 한다.

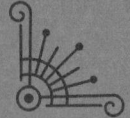

5-1. 주택 공급은 늘리고 수요를 분산해야
　　　용도규제 완화, 재개발·재건축 활성화, GTX 조기 완공
5-2. 재개발·재건축 활성화해야
5-3. 다주택자 없어지면 임차인은 집을 어디에서 구하나?
5-4. 아파트 후분양제가 소비자에게 더 유리한가?
5-5. 아파트 분양가 규제, 누가 이익을 보고 누가 손해를 보았나?

5-1 주택 공급을 늘리고 수요를 분산해야

용도 규제 완화, 재개발·재건축 활성화, GTX 조기 완공

수요보다 공급이 늘어나면 주택가격도 안정된다. 특히 수도권의 경우 강남같이 수요가 많은 지역에 공급이 늘어나거나 강남 이외 지역도 강남같이 주거 요건을 좋게 하여 수요가 분산되면 주택가격은 안정될 것이다.

용도 규제 완화 : 농지·산지 규제 완화해야

수도권 주택가격이 비싼 가장 큰 원인은 택지가격이 비싸기 때문이다. 우리나라는 세계적으로 땅이 좁아 인구밀도가 높다. 가뜩이나 좁은 국토 면적 중 64%가 산지이고 농지가 20%인데 이를 제외하면 현재 택지, 도로, 공단 등 용도로 사용되는 면적은 10%에 불과하다. 따라서 농지, 산지에 대한 규제를 완화해서 택지 공급을 늘려야 한다. 과거 노태우 정권 말기 심각한 수도권 주택 부족 문제를 해결하기 위해 분당, 일산 등 5대 신도시를 건설할 때에도 농지, 산지 규제 완화로 택지 문제를 해결하였다. 5대 신도시 건설로 주택 공급이 획기적으로 늘어남에 따라 1990년대는 수도권 주택가격상승률이 소비자 물가상승률보다 낮을 정도로 안정되었다. 공급 확대가 주택가격 안정의 핵심임을 증명하였다.

재개발 · 재건축 활성화

수도권에 현실적인 주택 공급 확대 방안은 재건축 · 재개발의 활성화이다. 현재 도심지역에 빈 땅이 없는 현실에서 주택 공급 확대를 위해서는 기존 주거지역의 용적률을 높여 주택 공급을 확대하는 것이 불가피하다. 문재인 정부는 재개발 · 재건축이 투기를 유발한다고 억제하였다. 용적률이 높아지면 토지의 효율성이 높아져 지가가 오르는 것은 불가피하다. 그러나 재건축 · 재개발이 완료되면 주택 공급이 늘어나서 주택가격 안정에 기여하게 된다. 이를 간과한 것은 한심한 일이다. 지하철이 건설되면 그 지역 지가가 오르는데 그것이 두려워 지하철 건설하지 말아야 한다는 이야기와 같은 논리이다. 도로, 상 · 하수도 등 도시 인프라가 허용하는 범위에서 수요가 큰 지역은 재개발 · 재건축을 활성화해야 한다. 과거 1980년대 아파트 가격 규제로 성냥갑 같은 아파트가 많이 건설되었는데 이제 주차장도 부족하고 시설도 대부분 노후화되었다. 언제까지 왜 참고 지내야 하는가? 미국같이 땅이 넓은 나라에서도 뉴욕 도심의 맨해튼 지역은 용적률이 1,000%나 된다.

주택 수요 분산

강남 등 일부 지역에 집중된 주택 수요를 분산시켜야 한다. 이를 위해 다른 지역의 교통과 주거 요건을 개선해야 한다. 예컨대,

일산, 용인 등에 현재 추진 중인 GTX를 조기에 완성해 서울 도심에 30분 이내에 진입할 수 있도록 교통여건을 개선하면 굳이 비싼 강남 아파트를 사려고 하지 않을 것이다. 막대한 비용이 소요되는 신도시 건설보다 이미 계획된 GTX를 조기에 완공하는 데 역점을 두어야 한다. 수도권 내에서도 서울 강북권이나 경기도 도시들에 기업 여건과 주거 요건을 개선하여 자족 기능이 강화되면 강남 등의 수요가 분산될 것이다.

신도시 건설은 억제되어야

　공급대책으로 추진하는 신도시 건설은 미래에 문제가 될 우려가 있다. 과거 인구가 증가하고 주택 수요가 급증할 때는 단기간에 주택을 대량으로 공급하기 위해 신도시 건설이 불가피하였다. 그러나 현재는 경제 여건이 그때와는 다르다. 분당 등 5대 신도시를 추진하던 1980년대 말 주택보급률은 70% 수준이었지만 2022년 주택보급률은 전국 102%, 수도권 97%이다. 15~64세 경제활동인구는 이미 2017년부터 감소하기 시작하였고 총인구도 2021년 감소하였다. 향후 재건축·재개발이 활성화되면 결과적으로 도심의 대부분 낡은 집들은 재건축이 될 것이다. 그 결과 도심의 주택 공급은 크게 늘어날 것이다. 도심의 늘어나는 주택은 대부분 외곽의 주민들이 입주하게 될 것이다.

인구 감소 시대에 신도시는 공동화(空洞化)될 가능성이 크다. 실제 일본의 경우 많은 신도시가 고령화 등으로 공동화되고 있다. 일본은 전국적으로 빈집이 전체 주택의 14%에 달한다. 세계에서 가장 빠른 고령화 추세를 보이는 우리나라도 머지않아 이런 문제를 겪게 될 가능성이 크다. 따라서 인프라가 잘 되어 있고 수요가 많은 도심의 재개발·재건축을 굳이 억제하면서 막대한 신규 투자가 소요되고 공동화될 가능성이 큰 신도시를 건설하는 것은 신중히 생각해야 한다.

5-2 재개발·재건축 활성화해야

문재인 정부는 재개발·재건축을 규제하였다. 그 결과 아파트 공급이 축소되면서 오히려 아파트 가격상승을 초래하였다. 그러면 문재인 정부는 왜 재개발·재건축을 금기시하였는가?

부동산 불로소득 막으려면 영원히 재건축 안 해야

정부가 재건축을 규제하는 이유는, 재건축 규제를 완화할 경우 투기수요가 증가해 재건축 대상 아파트 가격이 상승하고 그 결과 전반적으로 부동산 시장이 불안해진다는 것이다. 아울러 재건축 토지 소유자들이 불로소득을 본다는 것이다.

재건축은 용적률을 높여주어야 가능해진다. 용적률이 높아지면 토지의 효율성이 높아져 재건축 대상 주택가격이 오르고 토지 소유자는 이익을 보게 된다. 정부가 용적률을 높여주는 것은 주택공급을 늘려 공공이익을 늘리려는 것으로 토지 소유자의 이익은 그 과정에서 부수적으로 발생하는 것이다. 토지 소유자의 과도한 개발이익은 개발 부담금으로 환수하도록 이미 제도화되어 있다.

재건축으로 토지 소유자가 이익을 본다고 재건축을 영원히 안 할 것인가?

공급이 늘면 가격은 안정되기 마련

재개발·재건축 확대는 일시적으로 해당 주택의 가격상승 요인이 되지만 장기적으로는 공급을 증대시켜 가격 안정에 기여한다. 재건축이 활성화되면 수요자들은 향후 주택 공급이 늘어난다고 인식하여 주택 매수에 신중해진다. 최근 한강변 신축 아파트 평당 가격이 희소성으로 1억 원에 근접한다고 한다. 만일 압구정동 아파트가 재건축되어 한강변에 아파트 공급이 대폭 늘어난다고 하면 아파트 가격이 계속 오를 것인가? 현재 가격이 오르는 것은 주로 서울지역의 신축 아파트다. 이를 해결하려면 서울에 아파트 공급을 늘려야 한다. 서울에는 빈 땅이 없다. 가장 효과적인 공급대책은 용적률 확대와 재개발·재건축이다. 서울지역에는 건축한 지 오래되어 낡고 불편한 주택 단지들이 많다. 과거에는 재개발 여건이 안 되어 불가피하게 신도시를 건설하였으나 현재는 재개발할 주택이 많아 이들을 활용하는 것이 합리적이다.

수요 억제만으로는 주택가격 안정에 한계가 있다. 공급대책에 발상의 전환이 이루어져야 한다. 수요가 많은 지역의 재개발·재건축 규제를 풀어 공급을 확대해야 한다. 일시적인 부작용을 우려하여 공급을 억제하는 것은 장기적으로 주택가격 안정을 저해하게 된다.

5-3 다주택자 없어지면 임차인은 집을 어디에서 구하나?

다주택자 죽이기

그동안 문재인 정부와 많은 사람이 주택시장 불안의 가장 큰 주범은 다주택자라고 인식하였다. 다주택자가 투기 목적으로 주택을 많이 사들여서 집값이 올라가고 결과적으로 무주택자가 손해를 보았다는 것이다. 따라서 다주택자를 없애기 위해 각종 시책을 추진하였다. 우선 다주택자에 대한 재산세, 종부세, 취득세, 양도소득세 등 모든 세금을 중과하였다. 당초 다주택자를 민간 임대사업자로 육성하려던 시책도 사실상 철회하였다. 고위 공무원부터 다주택을 매각하도록 하였다. 청와대 일부 수석비서관은 다주택자라는 이유로 사임하기도 하였다. 고위 공직자 인사청문회에 가장 중요한 기준이 1가구 1주택이 되었다.

정부의 의도대로 실제 다주택자가 없어져 1가구 1주택 시대가 되면 주택문제는 해결될 것인가? 다주택자를 규제한다는 것은 민간 임대 사업을 허용하지 않겠다는 것이다. 민간 임대주택이 없으면 어떤 일이 벌어질까?

다주택자 없는 세상의 모습

주택 건설 축소

우선 주택 건설이 줄어들 것이다. 다주택자에 대한 징벌적 세제가 지속되면 오로지 무주택자만 주택을 구입할 것이다. 주택 수요가 줄어들면 건설회사는 주택 건설을 축소할 것이다. 주택 건설 축소로 경기가 위축되고 미래 주택가격은 공급 부족으로 상승할 것이다.

임대주택 공급 감소

임대주택 공급도 줄어들 것이다. 각종 규제로 유주택자가 신규 주택 구입을 사실상 못하게 되었다. 4년간 임차 기간 보장, 전·월세 상승률 제한 등으로 임차인 보호에 치중하여 임대인은 주택 임대 사업을 할 인센티브가 없게 되었다. 그 결과 임대주택을 구하지 못해 전반적으로 경제활동이 침체되고 국민 생활이 불편해진다. 현재 우리나라 국민의 자가 보유율은 60%가 안 된다. 40% 이상은 임대주택에 살고 있다는 얘기다. 임대주택 중 일부만 LH공사나 지자체가 공급하고 대부분은 민간이 공급하고 있다. 우리나라는 기업 임대주택이 거의 없어 다주택자가 대부분 민간 임대주택을 공급하고 있다. 민간 임대주택이 없으면 앞으로 신혼부부는 집을 어디서 구하나? 집을 구입하지 못하면 결혼도 못 하게 된다. 우리나라의 가장 심각한 문제는 저출산이다. 앞으로 결혼이 줄어들어 저출산 문제는 심화될 것이다.

거주이전과 직업선택의 자유 제한

강서구에 사는 교사가 강동구로 전보되면 집을 사서 이사 가야 하나? 서울에 집을 못 구해 지방에서 서울로 직장을 옮길 수도 없을 것이다. 요즈음 많이 진행되고 있는 재건축. 재개발의 경우 건설 기간 중에 기존 주민은 어디서 살아야 하나? 외국인은 집을 어디서 구하나? 사실상 거주이전과 직업선택의 자유가 제한받게 된다. 이사가 줄어들면 부동산 관련 경기가 크게 위축된다. 부동산 중개소, 이사업체, 인테리어 업체 수요도 급감할 것이다. 냉장고 등 각종 가전제품 수요도 마찬가지이다. 이처럼 임대주택 공급이 부족해지면 엄청난 사회적 혼란과 경기 침체를 초래한다.

공공 임대주택이 모든 주택 수요를 감당할 수 있나?

여기서 정부나 지자체가 임대주택 공급을 확대하면 된다고 주장할 수 있다. 주택 수요는 산업의 변화, 경기 트렌드 등 각종 요인에 따라 신축적으로 변한다. 판교에 벤처기업이 늘어나고 마곡지구에 기업이 늘어난다. 비능률적인 공공기관이 이들 변화에 신속히 대응할 수 있는가? 현재도 LH공사의 많은 임대주택이 저렴한 임대료에도 불구하고 열악한 교통여건 등 입지의 잘못으로 공실이 많다. 다양한 임대수요를 정부가 일일이 판단해 공급한다는 것은 공산주의 계획경제와 같은 발상이다. 공공 임대주택 공급을 늘려야 하는 것은 필요하지만 모든 수요를 공공부문이 공급한다는 것은 비현실적이다.

다주택자, 건전한 임대사업자로 육성해야

　임대인 규제만으로 전·월세 안정은 기대할 수 없다. 다주택자에 대한 징벌적 규제는 임대주택 공급을 줄여 임차인을 더 어렵게 할 뿐이다. 임차인 보호를 위해서는 임차인에 대한 세제, 금융 지원은 강화하되 임대인에게 적정한 수익성을 보장해줘서 임대주택 공급이 늘어나게 해야 한다. 세계 대부분의 나라에서 민간 임대주택 사업자가 주택 공급의 30~40%를 공급하고 있다. 다주택자는 투기꾼이자 임대주택 공급자이다. 다주택자를 죄악시만 할 것이 아니라 건전한 임대사업자로 육성해야 한다. 임차인은 임대주택 공급이 늘어나야 좋아진다.

5-4 아파트 후분양제가 소비자에게 더 유리한가?

현재의 아파트 선분양제도에 대하여 많은 비판이 있다. 아파트를 짓기도 전에 분양하고 입주자가 계약금, 중도금 등을 납부하는 것은 건설회사에 지나치게 혜택을 준다는 것이다. 또 건물 완공 전에 계약하므로 완공 후 계약 내용과 다른 경우 소비자가 피해를 볼 수도 있다는 등의 비판이다. 따라서 일부 전문가들은 후분양제를 도입해야 한다고 주장한다.

선분양제도는 건설회사에만 유리한가?

그러면 선분양제도는 소비자에게 불리하고 후분양제도는 유리한 것인가? 현재의 선분양제도는 건설회사 입장에서 유리한 점이 많다. 건설회사는 토지 구입 자금 정도만 투입하고 그 이후 공사비는 계약금, 중도금 등으로 소비자가 부담해 건설비에 대한 금융 비용이 안 드는 것은 사실이다. 또 이미 분양하였으므로(일부 미분양이 있는 경우도 있음) 완공 후 판매되지 않을 경우의 리스크도 줄일 수 있다. 그러나 선분양제도는 소비자에게도 큰 혜택이 있다. 즉 새 아파트를 시세보다 저렴하게 구입할 수 있다. 소비자는 선분양하는 아파트 가격이 완공 후에는 주변 아파트 가격보다 더 저렴할 것이라는 생각으로 사는 것이다. 실제로 선분양 아파트 가격이 완공될 시기에는 대부분 주변 시세보다 저렴하여 소비자가 이익을 보았다.

장점만큼 단점도 많은 후분양제도

 일부에서 주장하는 것과 같이 아파트 후분양제가 전면적으로 시행되면 어떻게 될까? 소비자는 아파트 구입 자금을 미리 내지 않아도 되고 완공된 아파트를 보고 구입해서 하자 보수 등의 문제도 없다. 또 기다리지 않고 조기에 입주할 수 있는 장점이 있다.

건설사가 감당해야 할 리스크만큼 아파트 공급 축소

 그러나 단점 또한 많다. 건설회사는 막대한 비용이 들어가는 토지 구입비와 건설비를 자체적으로 조달해야 할 것이다. 현실적으로 대부분을 융자로 조달해야 하므로 이자 비용도 많이 들고 아울러 건설회사의 부채비율도 높아져 기업의 신용도에 악영향을 받게 될 것이다. 또 건설회사는 아파트 완공 후 미분양이 될 경우, 엄청난 리스크를 부담하게 된다. 아파트 단지 규모에 따라 건설 비용이 수천억 원에서 1조 원을 상회하는데, 이와 같은 아파트 단지에 미분양이 크게 발생하면 건설회사는 도산 지경에 이를 것이다. 단지가 클수록 리스크가 커지므로 요즈음 인기 있는 대규모 아파트 단지 건설은 크게 위축될 것이다. **결국, 아파트 건설의 분양 리스크가 현재의 선분양제도보다 커지게 되면 아파트 공급이 줄어들 것이다.** 아파트 공급이 줄어들고 다양한 편의시설이 가능한 대규모 아파트 단지 건설이 어려워지는 것은 소비자에 도움이 안 된다.

더 비싸지는 아파트 분양가

더 중요한 것은 건설회사가 이자 비용을 부담하였으므로 분양가가 비싸진다. 아울러 건설회사가 조달한 자금으로 완공된 아파트를 분양하므로 시세대로 분양하게 될 것이다. **특별히 저렴하게 분양할 이유가 없다.** 결국 소비자 입장에서는 신축 아파트를 완공 당시 시세로 사는 것과 같다.

소비자 선택권은 뺏지 말아야

후분양은 지금도 실시 중에 있다. 이미 하고 있는 걸 새로 도입하자고 주장하는 것은 우스꽝스러운 일이다. 일부 후분양을 주장하는 사람들은 후분양 아파트 가격도 정부가 규제해야 한다고 주장한다. 건설회사가 자기 비용으로 위험 부담을 감수하고 건설한 새 아파트를 왜 저렴하게 분양하라고 강요해야 하는가? 손해 보면 정부가 보상하나? 결론적으로 아파트 선분양제도는 소비자의 선택권이 확대되는 것이므로 좋은 제도이다. 기존 아파트보다 선분양 아파트가 저렴하다고 생각하는 사람은 선분양 아파트를 사고, 선분양에 불만인 소비자는 후분양 아파트, 즉 완공된 아파트를 시세대로 사면 되는 것이다.

소비자 보호를 명분으로 소비자의 선택권을 제한하는 우(愚)를 범하지 말아야 한다.

5-5 아파트 분양가 규제, 누가 이익을 보고 누가 손해를 보았나?

우리나라에서 상품이나 서비스 가격이 오르면 국민은 정부의 대책을 요구하고, 이에 따라 정부는 가격 규제를 하는 것이 흔한 예이다. 주택 정책도 예외가 아니다. 1980년대 아파트가 새로운 주거 형태로 도입되어 수요가 늘어나자 정부는 아파트 가격 규제를 엄격하게 시행하였다. 20호 이상의 아파트 가격은 정부의 사실상 허가제로 운영되었다. 그동안 일부 변화가 있었으나 현재도 신규 아파트 분양가 규제는 지속되고 있다. 그러면 이러한 규제가 주택문제 해결에 어떤 영향을 미쳤는지 검토해 보자.

아파트 공급 억제하는 분양가 규제

신규 아파트 분양가 규제의 목적은 신규 아파트 가격을 저렴하게 하여 전체 아파트 가격의 안정을 도모하는 것이었다. 저렴한 신규 아파트 가격이 전체 아파트 가격 안정을 유도하려면 신규 아파트가 대규모여야 한다. 하지만 전체 아파트 수에 비하면 일부에 불과하여 기존 아파트 가격이 떨어지는 것이 아니라 신규 아파트가 기존 아파트 가격으로 상승하게 되었다. 또 분양가 규제는 아파트 공급을 억제하여 결과적으로 아파트 가격을 상승시키는 부작용을 초래하였다. 실제로 1980년대 말 수도권은 주택 공급 부족이 극심해져 아파트, 빌라, 단독주택 등 주택가격 전·월세 가격 모두 급격하게 상승하였다. 집 문제로 자살자가 나오는 등 민심이 흉흉하였다. 당시 노태우 정부는 이를 수습하고자 분당, 일산, 평촌, 산본, 중동 등 5개 신도시를 동시에 건설하고 주택용지에 대한 규제를 대폭 완화하는 등 획기적인 공급 확대조치를 취하여 위기를 모면하였다.

주택난의 원인이 된 분양가 규제

당시 주택난이 심각한 이유는 국민 소득이 급증하여 아파트 수요는 크게 늘어났는데, 분양가 규제로 아파트 공급이 늘어나지 못했기 때문이다. 1980년대 10년간 1인당 GDP는 3저 호황 등으로 1,300달러에서 6,300달러로 4.8배 늘어났지만, 수도권 주택보급률은 71%에서 72%로 1% 늘어나는 데 그쳤다. 1986년부터 1991년 사이 전국의 주택가격이 평균 67% 상승하였고 서울은 1988년부터 1991년까지 3년간 아파트 가격이 평균 2.6배 상승하였다. 만일 아파트 가격 규제가 없었으면 아파트 공급도 늘어나서, 1980년대 말 엄청난 주택난 사태는 피할 수 있었을 것이다.

분양가 규제의 winner와 loser?

아파트 분양가 규제로 수요가 폭증하자 정부는 무주택자에게 우선권을 주었다. 따라서 무주택자 등 신규 아파트에 당첨된 사람들은 엄청난 재산상 이익을 보았다. 아울러 아파트 유주택자들도 아파트 가격의 급격한 상승으로 이익을 보았다. 아파트 가격 규제로 인한 winner는 신규 아파트 당첨된 사람과 공급 부족으로 가격이 많이 오른 수도권의 아파트 유주택자들이다. 지방 주민들도 수도권 아파트를 사서 부자가 된 경우가 많다. 반대로 loser는 무주택자나 결혼 전의 젊은 세대들이다. 무주택자 중 당첨된 사람보다 당첨 못 된 사람과 미래에 주택을 구매하고자 하는 청년세대의 숫자가 훨씬 많을 것이다. 수도권 아파트 소유 여부에 따라 소득 격차가 대폭 확대되었다. 이것이 사회 정의에 맞는 것인가?

또한, 신규 아파트를 사면 무조건 돈 번다는 투기심리가 만연하게 되었다. 아파트 분양가 규제는 주택의 질을 떨어뜨리고 다양성을 저해하였다. 가격을 규제하니 원가 절감을 위해 성냥갑 같은 아파트만 지을 수밖에 없던 것이다. 최근 재건축 대상이 된 1980년대 아파트들이 대표적인 예이다.

청약이 로또가 된 세상

우리나라에서 아파트 불패 신화가 만들어진 것은 분양가 규제로 아파트 청약 당첨은 로또라는 인식이 정착되었기 때문이다. 주택가격은 수급에 따라 상승 또는 하강을 경험해야 하는데 우리나라는 아파트 분양가 규제로 신규 아파트 당첨 시 손해 본 경험이 거의 없어 아파트 청약 등 부동산 투기가 중요한 재테크 수단이 되고 있다. 반면에 미국은 가격 규제가 없어 신규 아파트를 산다고 무조건 돈 번다는 인식이 없어 우리나라와 같은 부동산 투기가 없다.

   결론적으로 아파트 가격 안정을 위해서는 양질의 아파트 공급이 늘어나야 하는데 공급을 축소시키는 분양가 규제는 역효과가 크다. 가격 규제보다는 재건축 규제 완화, 택지 공급 확대 등 공급이 늘어날 수 있는 여건을 만들어 주는 것이 중요하다.

교육시스템 전면 재검토

우리 교육시스템은 그동안 입시제도만 부분적으로 바뀌었을 뿐 큰 변화가 없었다. 역대 정부의 노력에도 불구하고 공교육의 불실로 사교육비는 줄지 않고 있다. 저출산 고령화가 심화되어 평생교육이 강화되어야 한다. 아울러 AI, 로봇 시대의 도래와 우리 사회의 고령화로 FIRST MOVER가 중요해짐에 따라 창의성 제고가 중요한 과제가 되었다.

6-1. 초등학교 입학 시기 단축하고 국민 안식년 제도 도입해야
　　　교육시스템도 100세 시대에 맞게 재설계 해야
6-2. 학교에서 반드시 배워야 하는데 소홀히 하는 것들
6-3. 모든 국민이 창의적 인재가 되도록 사회시스템 바꾸어야
6-4. 국가부채는 급증하는데 교육청은 돈이 넘쳐난다
　　　공정하지 못한 지방 교육재정교부금 제도 고쳐야

6-1 초등학교 입학 시기 단축하고 국민 안식년 제도 도입해야

교육시스템도 100세 시대에 맞게 재설계해야

60세 시대에 맞춰진 교육시스템

우리나라 교육제도는 초등학교 6년, 중·고 6년, 대학 4년을 합쳐 16년으로 되어 있다. 그동안 경제사회의 변화에 따라 수많은 제도가 바뀌었으나 학교 제도는 변하지 않고 있다. 20~30년 전에는 사람들이 대부분 61세 환갑잔치를 하였다. 당시에는 평균수명이 짧아 60세 정도 살면 대충 인생을 마감할 시기라고 생각하였다. 그러나 이제는 평균수명도 여자 86세, 남자 80세로 대부분 80세 이상 살고 건강한 사람은 90세 이상까지 사는 시대가 되었다. 일전에 1970년대 철학 명강의로 이름을 떨치던 김형석 전 연세대 교수의 강의를 들었다. 김 교수는 1920년생으로 올해 나이가 104세이다. 이처럼 평균수명은 과거에 비해 엄청나게 늘어났으나 우리의 직장은 수명 연장을 따라가지 못하고 있다. 직장인들은 50대 전반부터 퇴직하기 시작하여 대부분 60세 전후에 퇴직한다. 그런데 대부분 퇴직 후에도 20~30년간은 더 살게 된다. 최근 65세 이상 인구가 800만 명을 넘어서고 2025년이면 전체 인구의 20% 이상인 1,000만 명을 웃돌 전망이다. 이들 고령 인구가 보람 있고 생산적으로 활동하는 것이 매우 중요하다. 이러한 상황에서 우리나라 교육제도는 그대로 존속하기에는 많은 문제가 있다.

막대한 사교육비

　수명 연장으로 은퇴 후 생활이 길어짐에 따라 노후 생계비 조달이 큰 과제가 되고 있다. 우리나라 노인자살률은 세계 최고이며 주요 원인은 노인 빈곤이다. 노인들이 노후 생계비 준비를 제대로 하지 못하는 이유 중 하나는 젊었을 때 자녀들 사교육에 막대한 비용을 써 저축을 제대로 못 하기 때문이다. 2022년 자녀 1인당 사교육비는 41만 원으로 2021년 대비 11.7% 증가하였다. 역대 정부가 과외 금지 등 사교육비를 줄이려고 노력하였으나 백약이 무효이다.

늦은 직장 생활 입직(入職) 연도, 평생교육 미흡

　우리나라는 대학 진학률이 높아 사람들의 입직 연도가 외국에 비해 늦다. 남자의 경우 2년간의 병역의무로 인해 입직 연도가 더 늦어진다. 그동안 인구가 증가하는 시기에는 큰 문제가 없었으나 이제 저출산, 고령화가 본격화되는 시기를 맞이하여 노동력 부족이 심각한 문제로 예상된다. 2017년부터 15~64세의 경제활동인구가 줄어들고 있다. 어렸을 때 학교 교육만으로는 100세 시대를 살아

갈 수 없다. 평생교육을 강화하는 방향으로 교육시스템을 획기적으로 바꾸어야 한다.

공교육 충실화로 사교육 비용 절감

자기 자녀를 다른 자녀보다 잘 교육하겠다는 욕심(?)은 사교육비 절감을 어렵게 한다. 하지만 근본적인 원인은 공교육 부실에 있다. 현재 수요가 많은 사교육 서비스는 공교육을 강화하여 흡수토록 해야 한다. 예컨대 영어 사교육이 번성하는데 학교 교육이 충실하면 사교육이 줄어들 것이다. 사교육 수요를 없애기 어려운 현실에서 학교나 지자체가 사교육 서비스를 저렴하게 공급하는 것도 하나의 방안일 수 있다. 예컨대 지자체가 대형교육시설을 건립하여 민간 학원에게 무상 또는 저렴하게 대여하거나 방과 후 학교시설을 이용토록 하여 강의료를 대폭 저렴하게 하는 것도 검토할 필요가 있다. 과거 무상급식 재원 조달을 위해 원어민 교사 감원 등 교육예산을 삭감시켰다. 이런 정책들이 공교육을 부실화하여 사교육을 확대했다.

초등학교 입학 시기 1년 단축 : 가장 확실한 사교육비 절감 대책

초등학교 입학 시기를 앞당길 것을 제안한다. 입학연령을 만 5세로 하거나 외국과 같이 입학 시기를 3월에서 9월로 바꾸어 반년 정도 앞당기는 방안을 검토할 수 있다. 과거에는 어린이집, 유아원 등 조기교육이 별로 없었다. 그러나 요즘 어린이들은 신체나

지능발달이 과거에 비해 빨라졌고 2~3세부터 어린이집 등에서 조기교육을 받고 있다. 초등학교 입학 시기를 앞당겨도 별문제는 없다고 생각한다. 저출산으로 입학생이 적고 빈 교실도 많아서 학생 수용에도 문제가 없을 것이다. 사교육비 부담을 감소시키는 가장 확실한 방법은 고교 졸업까지의 기간을 1년 줄이는 것이다. 사교육비 부담이 줄어들면 저축 여력이 늘어나 노후빈곤 문제 해결에도 도움이 되고 정부 복지비도 경감될 것이다.

또 고교 졸업 시기가 빨라지면 입직 시기가 1년 빨라져 노동 공급이 늘어난다. 이는 심각한 저출산으로 인한 미래 노동력의 부족 문제 해결에도 크게 기여할 것이다. 최근 박순애 전 교육부장관이 이 문제를 국민과 소통 없이 불쑥 제기해 어린이집, 유치원 등의 반발로 무산된 바 있다. 사교육비 절감, 저출산 시대 인력 대책 등 장점이 많은 대책이므로 문제점이 있다면 보완하여 다시금 사회적으로 진지하게 토론해야 한다.

학교 설립, 운영규제 대폭 완화

정보통신기술의 발달로 교육방식도 변화하고 있다. Online 대학과 같이 학교도 수요 변화에 따라 다양화되어야 한다. 기업 등 교육 수요자가 원하는 학교 설립이 용이하게 되어야 한다. 학생 선발도 획일성을 탈피하여 학교별로 다양하게 하여야 한다. 교육부나 교육청의 학교에 관한 규제를 대폭 철폐해야 한다.

평생교육 강화 : '국민안식년' 제도 도입해야

대학 졸업 후 제대로 된 평생교육 시스템이 없는 점도 개선해야 한다. 많은 사람들이 자기 적성이 무엇인지 충분히 모른 채 고교 성적에 따라 대학에 진학한다. 또 졸업 후에는 당장의 취업을 위해 전공과 무관한 직장을 선택해 평생 근무한다. 직장 생활을 하면서 교육의 필요성을 느끼지만, 우리 사회 여건상 경제적, 시간적 문제로 원하는 교육을 받기가 사실상 불가능하다. 다행히 필자는 정부에서 근무할 당시 2년간 해외연수 기회가 있었는데 그때 받은 교육이 대학 4년보다 직장 생활에 더 도움이 되었다. 평균 수명은 길어지고 있고 경제, 사회, 기술 여건은 급격히 변화하고 있다. 대학 졸업 후 수십 년간 일해야 하는데 20대 이전에 받은 학교 교육으로 평생을 버틴다는 것은 불가능하다.

미래 지식기반 사회에서는 학생 시절뿐만 아니라 평생을 공부해야 한다. 그러나 우리 현실은 대학 졸업 후에는 경제적·시간적으로 교육받기가 너무 어렵다. 모든 직장인이 원하는 교육을 받을 수 있도록 대학이나 지자체에서 무료 또는 저렴한 비용의 다양한 교육과정을 개발 및 운영해야 한다. 또한 직장인들도 대학교수들의 안식년 제도와 같이 교육에 전념할 수 있는 시간을 제도적으로 마련해 주어야 한다. **우리나라 국민 누구나 40~50대에 6개월 정도 원하는 교육을 받을 수 있는 '국민안식년' 제도를 강구**해야 한다. 학교 교육 못지않게 평생교육 여건을 획기적으로 개선해야 한다. 이를 위해 평생교육 전담기구를 강화하고 별도 재원대책도 마련해야 한다.

6-2 학교에서 반드시 배워야 하는데 소홀히 하는 것들

학교는 아이들이 미래를 준비하는 곳이다. 학교에서 무엇을 어떻게 배우느냐에 따라 개인의 행복, 능력 개발과 나아가 국가의 운명이 결정된다. 우리나라의 학교에서는 인생을 살아가는데 필요한 교육을 제대로 하고 있는가? 그동안 역대 정부가 나름대로 교과 과정 등에 대하여 많은 개선을 해오고 있으나 부족한 점이 많다고 본다. 생활하면서 반드시 알아야 하는 것 중 학교에서 소홀히 다루어지고 있는 것이 많다. 예를 들어본다.

행복

사람은 누구나 행복하기를 원한다. 이를 위해 필요한 마음가짐의 하나는 '긍정과 감사'이다. 모든 국민이 긍정적이고 감사하는 마음을 가지면 사회적 갈등도 줄어들고 사회 전체의 행복지수도 높아질 것이다. 하버드 대학교 교양 과목 중 가장 인기 있는 과목이 '행복학'이라고 한다. 물이 컵에 "1/2밖에 안 남았다"라는 생각과 "1/2이나 남았다"는 생각은 행복감에 많은 차이가 있다. 우리나라 학교는 긍정과 감사의 교육을 얼마나 하고 있는가? 서점에

'스트레스 해소법' 등 마인드 컨트롤에 관한 책이 많다. 학교에서는 왜 이런 교육은 안 하는가?

건강

인생에서 가장 중요한 것은 건강이다. 최근 TV를 보면 '소금 섭취를 줄여라', '물을 충분히 마셔라' 등 올바른 식습관에 관한 이야기가 많다. 왜 이런 내용을 성인이 되어 TV를 보고 새삼스럽게 배워야 하는가? 이런 내용은 초등학교 때부터 몸에 배도록 해야 한다. 우리 어린이들은 공부하느라 늘 운동 부족인 상태이다. 외국의 명문 사립학교일수록 규칙적인 운동시간이 많다. 체육 시간도 늘려야 한다. 적절한 운동이 생활화되도록 해야 한다. 미국의 명문 사립 고등학교 학생은 학교에서 매일 운동을 한다.

신뢰, 정직

그동안 우리 사회가 급속한 경제발전을 하면서 부족한 것이 사회적 자본이다. 특히 우리나라는 사회적 신뢰가 부족하다. 광우병 사태 등 외국에서는 별일 아닌 것이 우리나라에서는 신뢰 부족으로 엄청난 사회적 비용을 초래했다. 지금도 광우병 사태를 왜곡 선전한 사람들이 버젓이 활동하고 있다. 국회에서 다수당 대표가 본회의 대표 연설에서 불체포 특권을 포기하겠다고 약속하고 3개월 후 본인의 구속 영장심사를 부결해 달라고 부탁하였다. 거짓말에 대한 사회적 제재가 전혀 없는 것이 현실이다. 우리도 거짓말하지 말라고 교육하고 있다. 그러나 거짓말하면 남에게 폐를 주지만 나에게는 이득이 된다고 생각하는 사람이 대부분이다. 일전에 중학생들 대상으로 공부방 봉사활동을 할 때 '왜 정직해야 하는가?'를 질문하면서 두 가지 대답을 선택하게 했다. ① 정직한 것이 결국 나에게 도움이 된다. ② 거짓말하는 것이 때로는 나에게 도움이 되지만 타인을 위해 정직해야 한다. 학생들 중 약 70%가 ②번을 선택했다. 학교에서 정직을 강조하면서 '왜 정직해야 하는지' 확신을 주지 않았기 때문이다. 신뢰가 없는 사회는 사회적 비용이 많이 들어 나에게 손해라는 점을 명심시켜야 한다. 시험 커닝부터 철저히 단속해야 한다. 공중도덕, 준법정신 교육도 강화되어야 한다.

시장경제 이해 : 가격은 '원가 + 적정이윤'으로 결정된다고 오해

경제 의식에서도 잘못된 점이 많다. 예컨대 우리나라는 다른 선진국에 비해 가격 규제가 많다. 많은 국민이 가격 안정을 위해 정부에 직접 가격규제를 요구한다. 이것은 가격은 '수요와 공급'에 의해 결정되는 것이 아니라 '원가와 적정이윤'에 의해 결정된다고 믿는 사람이 많기 때문이다. 가격규제 결과 공급은 줄고 수요는 늘어 문제가 악화되는 경우가 많은 것이 현실이다. 국민들은 총론적으로는 규제 철폐를 찬성하지만, 실제 현실에서는 정부 규제를 요구하는 경우가 많다. 미국 등 선진국들은 주택가격이 오른다고 분양가 원가 공개나 분양가 규제를 요구하지 않는다.

민영화에 대해 부정적인 생각을 가진 국민이 많다. 국·공립 유치원을 사립 유치원보다 선호한다. 국·공립 유치원이 더 효율적인 것이 아니고 정부 지원이 막대하기 때문이다. 대체로 공기업이 비효율적인 것은 세계적인 현상이다. 이것은 '시장의 실패'만 강조하고 '정부의 실패'는 제대로 교육을 안 했기 때문이다. 정부 주도의 공산주의가 왜 망했는가. 우리나라 국민의 교육 수준이 세계적으로 높지만, 이같이 기본적인 경제 인식조차 갖추지 못한 것 또한 현실이다. 교육 당국은 이들 내용이 교과서에 다 있고 교사들이 가르치고 있다고 할 것이다. 필자가 주장하는 것은 단순히 '거짓말하지 말라', '가격은 수요·공급에 의해 결정된다'가 아니라 이들이 몸에 배어 일상생활에서 확고한 가치관으로 자리 잡게 해야 한다는 것이다. 학교에서는 많은 것을 가르친다. '반드시 알아야 할 것'과 '알면 좋은 것'을 구별하여 전자는 확실히 가르쳐야 한다.

과감한 교과과목 개혁이 안 되는 이유는 무엇인가?

수능 만능주의의 결과 : 경제 과목 선택 비율 1%

온 국민의 관심은 자기 자식 좋은 대학에 보내는 것이다. 성적과 입시제도에 관심이 있지, 무엇을 배우는지는 중요하지 않다. 그 결과 아무리 중요한 교육이라도 대학입시에 점수 따기 어려운 과목은 기피한다. 예컨대 경제교육은 빈사 상태에 빠졌다. **수능에 응시하는 학생 중 경제 과목을 선택하는 비율은 1%대에 불과하다**. 대학 경제학과에 입학하려는 학생도 경제 수업은 어렵고 성적을 내기에 불리하다고 생각하여 경제 과목을 선택하지 않고 있다.

기득권 교사의 반발

과거 필자가 공직에 있을 때 교육부 담당자에게 "살아보니 효용도 별로 없는 제2외국어를 왜 열심히 가르칩니까?"라고 질문하자, 그분 대답이 "그럼 그 과목 선생님들은 어떻게 합니까?"였다. 내가 그래서 "학생들이 선생님을 위해서 배워준 거네요." 한 적이 있다. 이것이 핵심적인 이유다. 효율성이 떨어지는 제2외국어나 지리 과목 대신 과학, 경제 과목 확대 등 교과 과정 개편의 필요성은 교육전문가들도 잘 안다. 그러나 특정 과목 수업이 줄어들 경우, 관련 교사는 물론 관련 대학교 학과 교수 및 학생들까지 반발하므로 문제 제기를 꺼린다. 수업이 없어지는 교사들은 전과 교육 등을 통해 신분을 보장해 줌으로써 이들의 반대를 최소화할 수 있을 것이다.

교과 과정 결정은 헌법 제정과 같이

　미래세대가 받는 교육 내용에 따라 우리나라 장래가 결정된다. 교과 과정은 헌법 못지않게 신중히 결정해야 한다. 현재 교과 과정 결정은 교육 서비스 공급자인 교사, 교수의 주도로 결정된다. 앞으로 교과 과정은 수요자를 포함하여 각계각층의 지혜를 모아서 결정해야 한다. 현재와 같이 교육부가 교과 과정 결정을 주도하면 교사, 교수 위주로 갈 수밖에 없다. '교과 과정 심의위원회'를 국무총리실에 두어야 한다.

6-3 모든 국민이 창의적 인재가 되도록 사회시스템 바꾸어야

우리나라는 과거 의류, 신발, 전자 등 노동집약적 산업에서 근면한 저임금 근로자의 경쟁력을 통하여 높은 경제 성장률을 이룩할 수 있었다. 당시에는 우리보다 앞선 기업들을 모방하여 값싸게 만들면 되었다. 그러나 최근 우리 경제는 고령화, 개도국의 추격 등으로 한계에 부딪히고 있다. 경제연구소들에 의하면 우리나라 잠재성장률은 2030년대에는 2%, 2040년대 이후에는 1% 미만으로 낮아질 전망이다.

더 이상 근면 성실만으로는 답이 없다

국가경쟁력은 어떻게 높일 수 있을까? 우리나라는 빠르게 고령화되고 있고 임금도 세계적인 수준으로 올랐다. 스마트폰, 로봇, 인공지능 등 과학기술의 발달로 사람이 하던 일을 기계가 급속히 대체하고 있다. 이제는 노동집약적 산업에서 지식집약적 산업으로 전환되어야 한다. 앞으로의 성공 여부는 fast follower에서 first mover가 되어야 한다. 근면 성실만으로는 안 되고 창의적인 인재가 필요한 시대가 되었다. 유리창 닦기는 10명의 근로자가 1명의 근로자를 이길 수 있으나 바둑에서는 아마추어 100명이 아무리 열심히 연구해도 신진서 기사를 이길 수 없다. 2004년 전기자동차 '테슬라'를 창업한 '일론 머스크'가 20년 만에 세계 최고 부자가 되었다. 천재 한 명이 수만 명을 먹여 살린다. 하지만 창의성은 모든 분야에서 필요하다. 따라서 한 사람의 천재만 양성할 것이 아니라 국민 모두가 창의성 있는 인재가 되도록 교육, 국민의식, 사회시스템 등을 바꾸어야 한다.

학교 교육 변화 : 암기, 정답 위주 교육 → 질문과 토론 위주 교육

현재 우리나라 교육은 암기 위주, 정답 위주의 교육이다. 학교에서도 암기력 좋은 학생이 우등생이 된다. 그동안 우리나라 교육은 잡다한 지식을 외우게 하는 데 많은 시간을 보냈다. 과거 수많은 학생이 독일어를 외우고 외국 지리 공부를 열심히 하였다. 그것들이 정말 중요한 것이었는가? 이제 정보를 외우는 교육에서 스스로 생각하는 힘을 기르는 교육으로 바꾸어야 한다. **챗GPT 시대에 단순한 지식 암기는 더 이상 의미가 없다.** 우리나라 부모들은 자녀들이 학교 갔다 오면 이렇게 묻는다. "오늘 선생님 말씀 잘 들었니?" 유태인 부모들은 자녀들에게 이렇게 묻는다. "오늘은 선생님께 무슨 질문을 했니?" 정답을 외우라고 할 것이 아니라 틀린 답이라도 왜 그렇게 생각하는지 스스로 생각하도록 유도해야 할 것이다. 질문과 토론 등 창의성이 확대되도록 교육체계를 혁신해야 한다.

다양성 장려 : 상명하복 문화 개선, 진영논리 탈피

튀는 것이 허용되는 문화가 되어야 한다. 다양성도 장려해야 한다. 창의성은 획일화된 문화에서 나올 수 없다. 다른 생각, 새로운 시도에서 나오게 된다. 우리 속담에 '모난 돌이 정 맞는다.'라는 말이 있다. 너무 튀지 말라는 것이다. 때로는 이단아같이 보이고 엉뚱한 짓을 하는 것도 용인할 수 있는 문화가 되어야 한다. 알파고를 만든 '허사비스'는 고교 때 게임광이었다고 한다. 고교 졸업 후 대학에 안 가고 게임회사에 취직한 후 스스로 공부의 필요성을 느끼고 뒤늦게 대학에 진학했다. 우리 부모들은 자식들이 이런 선택을 한다면 받아들일 수 있을까?

가정이나 직장에서의 지나친 상명하복 문화도 개선해야 한다. 어른이나 직장 상사에게 무조건 복종해야 하는 문화에서는 자유분방한 생각이 나올 수 없다. 아울러 좌·우 진영논리에 매몰되어 '우리 편은 무조건 옳고 상대편은 무조건 틀리다.'는 고정관념과 편향되고 왜곡된 국민의식 속에서 창의성을 기대하기는 어렵다. 세계적 대기업인 구글은 직원들에게 근무시간의 20% 정도는 자기 업무와 다른 분야에 관심을 가질 것을 장려한다

창의성이 숨 쉬는 사회가 되어야

최근 우리나라 젊은이들은 안정적인 공무원, 공기업을 가장 선

호하고 있다. 아무리 창의적인 아이디어를 갖고 있더라도 이것을 살려 성공할 수 있는 사회적 여건이 안 되면 누가 창의적인 생각을 할 것인가? 참신한 아이디어만 있으면 대박을 터뜨릴 기회가 있어야 한다. 또 실패하더라도 그로 인해 인생의 낙오자가 되지 않고 오히려 좋은 경험이 되어 재기할 수 있는 여건이 마련되어야 한다.

벤처 투자가 활성화될 수 있는 여건을 마련해야 한다. 벤처기업 지원은 융자가 아니라 투자 위주로 해야 한다. 리스크는 투자자가 지고 벤처 기업가는 재기할 수 있도록 해야 한다. 세제 지원 등으로 벤처 투자도 활성화되어야 한다. 테슬라, 구글, 메타 등 오늘날 세계적 대기업들도 벤처 투자가 없었으면 탄생하지 못했을 것이다.

새로운 제품이나 서비스를 만들어도 각종 규제가 이를 저해하면 창의성이 진작될 수 없을 것이다. 규제는 '원칙 허용, 예외 규제'의 Negative 규제 방식으로 해야 한다.

앞으로는 지식 집약적 산업시대이다. 창의성이 제고되도록 사회시스템을 개혁해야 한다.

6-4 국가부채는 급증하는데 교육청은 돈이 넘쳐난다

공정하지 못한 지방 교육재정교부금 제도 고쳐야

나라 살림이 너무나 비효율적이다. 1인당 GDP가 3만 달러를 넘어섰으나 아직 복지 사각지대가 많다. 우리나라 노인자살률은 세계 1위이다. 노인 자살의 최대 원인은 빈곤이다. 수년 전 일어난 송파 세 모녀 자살 사건도 그 원인은 빈곤이다. 국가가 저소득층에 대한 복지 지원을 확대하면 이런 일들을 방지할 수 있을 터인데 재정 형편상 못하고 있다. 심각한 저출산도 해결하려면 양질의 보육 시설을 확대해야 하는데, 재원의 한계로 충분히 못 늘리고 있다. 최근 코로나로 인한 각종 지원금 등으로 재정지출이 크게 늘면서 지난 5년간 국가부채는 400조 원이 증가하였다.

학생 수 급감해도 교육 교부금은 매년 늘어

이렇게 재정 형편이 어려운 상황에 시·도 교육청은 상대적으로 돈이 넘치고 있다. 교육청 예산의 대부분은 지방 교육재정교부금인데 그동안 초·중·고 학생 수는 저출산으로 줄어드는데 교부금은 계속 늘어나고 있다. 2006년 대비 2022년 학생 수는 33% 감소하였는데 교부금은 25조 원에서 64조 원으로 2.6배 증가하였다. 그 이유는 교육재정교부금은 학생 수와 상관없이 내국세의

21%를 주도록 법적으로 의무화되어있기 때문이다.

넘치는 돈만큼 늘어나는 무상시리즈

교육청에 돈이 넉넉하다는 것은 각종 지표에서도 나타난다. 2020년 학생이 10명 미만인 초·중·고는 204개 교이고, 교직원이 학생 수보다 더 많은 학교도 2023년 45개 교나 있다. 소규모 학교를 통폐합하면 예산이 절감될 텐데 돈이 많다 보니 적극적으로 할 이유가 없다. 학생보다 교직원이 많은 학교의 학생 1인당 교육비는 수천만 원인 셈이다. 수업료 무상, 급식 무상 등의 무상시리즈는 최근 고교까지 확대되고 있다. 서울시를 비롯하여 부산시 등에서 학생들에게 노트북을 무상으로 공급하고 있고 부산시, 세종시에서는 무상교복에 이어 무상 체육복까지 지원하고 있다. 세종시, 광주시 등은 수학여행비도 지원하고 있다. 이같이 교부금이 확대됨에 따라 우리나라 초·중·고 학생 1인당 공교육비는 OECD 평균 대비 129%에 달한다. 반면에 교부금 지원이 없는 대학생은 OECD 평균 대비 65%에 불과하다. 대학교는 등록금마저 14년간 동결하여 교육의 질이 크게 저하되고 있다.

형평성, 효율성 모두 문제인 지방 교육재정교부금 제도 개선해야

　국가경쟁력 강화를 위해 초·중·고 교육비 지원 확대가 나쁜 것은 아니다. 그러나 과학 기술개발, 저소득층 복지 확대, 저출산 대책 강화, 중소기업 지원 등 교육비 지원 못지않게 재정지출 확대가 필요한 분야는 많다. 아울러 국가부채 급증도 억제되어야 한다. 이런 면에서 한정된 재원이 초·중·고 지원에만 집중되는 것은 형평성이나 재정의 효율성 면에서 문제가 크다. 어떤 국민은 생활고로 죽어가는데 정부가 초·중·고 학생에게만 수천만 원의 교육비를 지원하는 것은 공정하지 않다. 무조건 내국세의 21%를 배정하는 제도에서 학생 수, 사업 효율성 등을 종합적으로 검토하여 지출을 결정하는 방식으로 지방 교육재정교부금 제도를 개선해야 할 것이다.

7

재정 건전성 강화

지난 문재인 정부의 큰 정부 정책 기조 이래 재정 건전성이 급격히 악화되었다. 저출산 고령화로 인한 복지 수요 증가로 국가부채는 계속 늘어날 전망이다. 미래세대의 부담을 줄이기 위해서는 재정 시스템을 개혁하여 재정 효율성을 높여야 한다.

7-1. 재정원칙 무너진 문재인 정권, 어떻게 바로잡아야 하나?
7-2. 미래세대 희생시키는 국민연금, 서둘러 개혁하고 수익률에 집중해야
7-3. 정부관리 부실기업 조기에 민영화해야
7-4. 감사원을 재정 비효율 제거 컨트롤 타워로
     합법성 위주에서 효율성 위주로
7-5. 재정 건전성 유지가 유일한 통일비용 준비이다
7-6. 국가부채 무관심한 기성세대, 청년당이 나와야

7-1 재정원칙 무너진 문재인 정권, 어떻게 바로잡아야 하나?

문재인 정부는 정부의 역할을 강조하여 역대 정부보다 재정지출을 크게 늘렸다. 그 결과 국가부채는 2017년 600조 원에서 2022년 말에는 1,000조 원(GDP의 51%)으로 무려 400조 원이 늘어났다. 물론 코로나-19와 같은 국가 위기 극복을 위해 정부 지출이 일시적으로 늘어나는 것은 불가피한 현상이다. 그러나 국가부채의 급격한 증가가 일시적 현상이 아닌 지속적 현상이라면 미래 우리 경제에 큰 부담이 될 수밖에 없다. 재정지출이 늘어나도 필요한 곳에 효율적인 방법으로 투자되었으면 문제가 없을 것이다. 그러나 문재인 정부 기간에는 재정원칙이 무너져 비효율적인 투자가 크게 늘어났다.

공공부문 인력 증원, 인건비와 연금은 누가 부담하나?

예컨대 문재인 정부는 일자리를 창출한다고 대대적으로 공무원과 공공기관 직원 증원을 추진했다. 일자리 창출은 기업 여건을 개선해 기업이 고용을 늘리도록 해야 하는데 단기간의 성과를 위해 공공부문 고용을 늘린 것이다. 김대중 · 노무현 · 이명박 · 박근혜 정부를 거치는 동안 공무원 증원은 총 9만6천 명이었는데, 문재인 정부에서만 13만 명이 늘어났다. 이로 인해 매년 공무원 인건비 증가는 물론 연금 부담도 늘어났다. 2022년 공무원연금과 군인연금 적자 보전액이 4조8천억 원인데, 최근 공무원 증원으로 향후 적자 보전액은 더욱 늘어날 것이다. 공공기관 인원도 많이 늘어났다. 2020년 3분기 공기업 인원은 2016년 대비 29%나 급증하였다.

무너진 예비타당성 제도, 부산 가덕도 신공항이 말이 되나

더욱 중요한 것은 문재인 정부에서 투자 효율성에 의한 사업 선정 원칙이 무너진 점이다. 예비타당성 제도는 정치권의 무분별한 압력으로부터 재정 효율성을 지키고자 도입했다. 그런데 문재인 정부는 지역 형평 등을 이유로 타당성 조사 면제 사업을 대폭 늘림으로써 예비타당성 조사 제도를 무력화하였다. 예비타당성 조사 면제 건수는 이명박 정부 61조 원(90건), 박근혜 정부 24조 원(87건)이었던 반면에 문재인 정부에서는 97조 원(122건)으로 늘어났다. 타당성 없는 대표적 사업이 부산 가덕도 신공항 사업이다. 박근혜 정부 시절 남동부 허브 공항으로 김해, 밀양, 부산 가덕도 세 후보지를 검토한 결과 김해공항을 최적지로 선정하였다. 그런데 최근 부산시장 보궐선거를 계기로 일부 조사항목에 오류가 있었다는 이유로 느닷없이 부산 가덕도를 신공항 부지로 선정하였다. 과거

세 후보지 검토에서 꼴찌를 한 지역을, 그것도 부산시장 선거를 앞둔 시점에서 말이다. 오직 득표를 위한 정치적인 결정으로 인해 애당초 7조 원 규모였던 공사비가 14조 원 이상으로 증가할 전망이다. 앞으로 다른 지역에서 공항, 도로 등을 건설해 달라면 무슨 명분으로 막을 것인가?

미뤄진 연금개혁, 부담은 미래세대에게

문재인 정부가 국민연금 개혁을 기피하면서 미래세대 부담을 가중시켰다. 국민연금은 설계 당시보다 저출산, 고령화가 심화되어 인구추계를 할 때마다 고갈 시기가 앞당겨지고 있다. 최근 예측에 따르면 연금 고갈연도는 최초 2061년에서 2055년으로 당겨졌다. 정부는 이런 상황에 대비하여 새로운 인구추계에 따라 연금 고갈을 막기 위한 대책을 마련하게 하였다. 그런데 문재인 정부는 5년간 국민연금 관련 대책을 전혀 마련하지 않았다. 국민연금이 고갈될 경우 연금을 유지하기 위해서는 **보험료율이 현행 9%에서 20% 이상으로 인상되어야** 한다. 미래세대에 이렇게 무책임할 수 있을까?

일본이 말해주는 국가부채의 미래

향후 재정 건전성이 우려되는 가장 큰 이유는 저출산, 고령화의 심화 때문이다. 우리나라 합계 출산율은 2022년 0.78명으로 세계 최저 수준이고 고령화도 급속도로 진행되고 있다. 고령화율(전체 인구 중 65세 이상 비율)은 2025년에는 20%, 2050년에는 40%에 이를 전망이다. 고령화가 심화할 경우 각종 연금과 의료비 등 복지지출은 급증하고, 경제 성장률은 낮아져서 세입은 줄고 재정수지는 악화될 것이다. 일본의 경우 현재 우리나라와 고령화 비율이 비슷한 1990년대는 국가 부채비율이 GDP의 60% 수준이었는데 현재는 고령화율이 28%로 심화되어 국가 부채비율이 세계 최고인 250%에 이르고 있다.

윤석열 정부의 재정 개혁 과제

재정 기강 확립 : 예비타당성 조사 제도 강화

타당성 심사기준을 보강하는 등 그동안 무력화한 예비타당성 조사 제도를 강화해야 한다. 예외 기준도 엄격히 하고 객관성과 공정성을 높여야 한다. 재정지출의 기강을 무너뜨리는 가장 큰 요인은 선거 공약이다. 대통령 선거 공약도 재검토하여 재정원칙을 저해하는 공약은 과감히 철회해야 한다. 예컨대 병장 봉급 200만 원 공약은 무리라고 본다. 현재 소위 봉급이 200만 원 미만인데 병장 봉급을 올릴 경우, 전체 군인 봉급을 올려야 한다. 나아가 경찰관, 소방관, 교도관 등으로 그 파장이 확대되어 엄청난 부담이 될 것이다.

재정 구조개혁 강화

경제·사회 여건 변화로 공무원 인력 수요는 크게 변하였다. 예컨대 저출산으로 인구가 지속적으로 줄어 지방에는 인구가 3만 이하인 군(郡)이 늘어나고 있다. IT 기술, 인공지능의 발달로 행정의 효율화가 가능해졌다. 구조조정과 기능 개편 등으로 공무원 수를 줄여야 한다.

국민연금 등 각종 사회보험기금 구조개혁

지난 정부가 기피한 국민연금 개혁은 반드시 해야 한다. '더 내고 덜 받는' 개혁은 불가피하다. 의료보험도 그동안 지나친 혜택 확대로 보험료율 인상과 국고지원 증대가 불가피한 상황이다. 반드시 개혁해야 한다. 개혁이 지연될수록 미래세대의 부담은 더 커지게 된다. 프랑스의 마크롱 대통령은 많은 반대에도 불구하고 2023년 연금개혁을 이뤄냈다. 윤 대통령은 프랑스를 타산지석으로 삼아서 개혁을 추진해야 한다.

지방 교육재정교부금 제도 고쳐야

현재 내국세의 20.79%를 초·중·고 교육비로 배분하고 있다. 저출산으로 학생은 급감하는데 지방 교육재정교부금은 매년 증가하고 있다. 예컨대 2006년 대비 2022년 학생 수는 33% 감소했는데 교부금은 오히려 2.6배 늘어났다. 적자 국채를 100조 원이나 발행하고 있는데 교육재정만 과도하게 늘어나는 것이 과연 합리적인가?

공기업, 공공기관 구조조정

　공무원 못지않게 신의 직장으로 여겨지는 공기업 경영 부실은 심화되고 있다. 구태의연한 낙하산 인사가 지속되고 있다. 문재인 정부 시절 경영 평가 시 수익 개선 항목의 비중은 줄이고 채용 확대, 정규직 전환 등의 비중은 늘려 경영개선을 잘한 기업들이 오히려 불리한 경영 평가를 받게 되었다. 그 결과 2020년 3분기 공기업 인원은 2016년 대비 29% 급증하고 339개 공공기관의 당기순이익은 2016년 15조 6,000억 원에서 2019년 6,000억 원으로 급감하였다. 다행히 윤 정부에서 공기업 평가기준 중 수익성 비중을 확대하였다. 경제 여건이 크게 바뀌었는데도 수많은 공공기관이 그대로 있다. 공공기관은 비효율이 공공성이란 이름으로 은폐되고 있다. 제로 베이스에서 검토하여 민간이 할 수 있는 일은 민영화하고, 경쟁이 가능한 분야는 경쟁 체제를 도입하는 등 강도 높은 경영혁신을 추진해야 한다.

재정준칙 제정

　대부분의 선진국은 포퓰리즘적 재정지출을 억제하기 위해서 재정적자, 국가부채 등의 한도를 헌법 또는 법률로 설정해 관리하고 있다. OECD 국가 중 재정준칙이 없는 나라는 튀르키에와 우리나라뿐이다. 우리나라는 2020년 정부가 재정준칙 관련 법률을 국회에 제출하였다. 그런데 국회에서는 제대로 심의도 안 하고 방치하고 있다. 재정준칙을 조속히 제정해야 한다.

지속 가능한 재원 조달을 위한 세제개혁 : 부가가치세 인상

향후 재정 운용의 안정성을 확보하려면 세입 증대가 불가피하다. 지금까지는 국민의 조세저항을 고려하여 대기업과 고소득층에 대한 세율 인상으로 대응해왔다. 그러나 법인세는 상위 10% 기업이 전체의 96%를 납부하고, 소득세는 상위 10% 고소득층이 전체의 72%를 납부하고 있다. 이들 계층에 대해 증세하여도 세수 증대 효과는 크지 않다. 현재 소득세를 전혀 안내는 근로자가 37%에 이르고 있다.

이제는 부가가치세율을 인상을 검토할 필요가 있다. 그동안 부가가치세는 소득 수준에 관계 없이 일률적인 세율이 적용되었고, 소득분배에 역진적이라는 이유로 증세 대상에서 제외되었다. 징수 시 소득분배 개선 효과는 소득세에 비해 떨어지지만, 징수 후 사회적 약자 위주로 지출할 경우 소득분배 개선 효과는 크다. 우리나라 부가가치세율은 10%인데 OECD 국가 평균은 19%이고 덴마크, 스웨덴 등 복지 모범국가는 25%에 이르고 있다.

강력한 개혁 추진 기구 설치해야

비효율적인 재정지출의 증대는 민간기업 활동을 저해하여 국가

경쟁력을 약화시키고 미래세대에 엄청난 국가부채를 부담시키게 된다. 재정개혁을 시급히 추진해야 하는 이유다. 그러나 개혁은 기득권층의 반발로 추진이 쉽지 않다. 과거 IMF 사태 당시 개혁의 구심체로서 기획예산처에 '정부개혁실'을 설치하여 많은 개혁을 추진하였다. 정부 개혁의 구심점으로 범정부적인 강력한 개혁 추진 기구를 설치해야 한다.

7-2 미래세대 희생시키는 국민연금, 서둘러 개혁하고 수익률에 집중해야

국민연금은 도입 당시 국민을 설득하기 위해 내는 것에 비해 많이 받는 것으로 설계되었다. 도입 당시에는 이자율도 높고 인구도 늘어나서 연금 지급에 별문제가 없어 보였다. 그러나 경제 성장이 정체되고 인구 고령화가 급속히 진행되면서 국민연금은 현재 제도로는 지속할 수 없게 됐다.

국민연금 고갈, 부담은 미래세대가 진다

국민연금은 그동안 수차례 더 내고 덜 받는 방향으로 개혁을 추진해왔다. 그럼에도 국민연금 고갈 위험은 계속되고 있고, 정부는 제도적으로 이를 막고자 5년마다 연금 수급 전망을 하고 그 결과에 따라서 대책을 마련하게 하였다. 2017년 연금 재정을 전망한 결과 연금 고갈 시기가 2061년에서 2057년으로 앞당겨졌고, 2022년 전망에 의하면 연금 고갈 시기가 2055년으로 더 앞당겨졌다. 게다가 합계 출산율은 2022년 0.78명으로 낮아져서 세계 최저 수준이다. 예상을 뛰어넘은 저출산, 고령화의 속도가 연금 고갈 시기를 앞당기고 있다. 국민연금이 고갈되면 어떻게 될까? 국민연금의 고갈을 막으려면 현재 소득의 9%인 연금 보험료를 26% 수준으로 인상해야 한다. 하지만 현실적으로 연금 보험료를 급격히 인상할 수 없으므로 상당 부분은 국민의 세금으로 충당하게 될 것이다. 급격한 보험료 인상이든 대규모 세금 충당이든, 두 가지 모두 미래 세대에게 부담을 떠넘기는 일이다. '연금 폭탄'이 다가오고 있다.

정부도 미루고 국회도 미루는 연금개혁

대책은 저출산 고령화가 가속화되는 현실에서 '더 내고 덜 받는' 수밖에 없다. 그런데 2018년 문 대통령은 더 내고 덜 받는 보건복지부 대책을 "국민 눈높이에 안 맞는다."며 다시 만들도록 지시했다. 그 후 정부는 4개 대안을 작성해 국회가 정하라고 떠밀어 놓았다. 정부 안 중에서 1안은 현재 제도를 그대로 유지하는 것이다. 연금이 고갈되면 그때 가서 보자는 것으로 무책임하기 짝이 없다. 국회도 인기 없는 연금 개혁안 토의는 미뤄 놓고 있다. 미래세대의 부담만 점점 더 커지고 있다.

수익률 제고를 가로막는 인사제도

국민연금이 해야 할 가장 중요한 임무는 가입자에게 적은 부담으로 많은 연금을 주는 것이다. 연금 운용은 오로지 안정적으로 수익률을 극대화하는 데 중점을 두어야 한다. 수익률 제고를 위해 기금 운용 인력 인사제도도 혁신해야 한다. 국민연금은 당분간 매년 늘어나 2040년에는 운용 규모가 2,000조 원을 넘게 될 전망이다. 이 경우 수익률이 1%만 높아져도 20조 원 이상의 돈이 늘어난다. 세계 최고 전문가를 기금 운용자로 영입해야 한다. 이를 위해서는 충분한 대우를 해주어야 한다. 그런데 현실은 보수도 민간기업에 비해 적고 퇴직 후에는 일정 기간 관련 기관에 취업하는 것도 제한된다. 근무지도 지방인 전주이다. 이런 환경에서 최고급 인재가 올 리 없다.

미국의 유명 대학 발전기금 운용자들은 연봉이 100억 원이 넘는다. 유능한 인재를 영입하려면 성과급도 대폭 인상하는 등 처우를 개선해야 한다. 능력이 있으면 국적도 가릴 필요가 없다. 일반 공기업의 임원 정도로 생각해서는 안 된다. 근무지도 각종 정보와 소통에 유리한 서울로 옮겨야 할 것이다.

정치권의 무리한 간섭

자금 운용 면에서 정치권의 무리한 간섭이 많다. 경제 양극화 해결과 저소득층 복지 향상 등 경제현안을 해결하기 위해 국민연금을 동원하려는 것이다. 예컨대 선거 때 자주 등장하는 것이 국민연금을 동원해 공공주택을 대대적으로 건설하겠다는 것이다. 공공주택 건설 재원으로 LH공사가 발행한 채권을 국민연금이 인수한다는 것이다. 국민연금에 손해가 없게 채권 수익률은 충분히 보상해 준다고 한다. 하지만 LH 공사채가 매력적인 수익률을 보장한다면 다른 투자자에게도 팔 수 있을 텐데, 굳이 국민연금에게 강제로 매입하도록 할 이유가 있을까? 공공주택 건설 외에도 중소기업을 지원해라, 벤처기업을 지원해라, 하는 식의 간섭을 해서는 안 된다. 기금 운용의 자율성을 저해해 수익률을 떨어뜨릴 것이다. 중소기업과 벤처기업을 지원하는 일은 국민연금이 아니라 정부가 책임지고 해야 할 일이다.

기업 경영 개입 최소화

최근 '스튜어드십'이라 하여 국민연금이 기업 경영에 개입하고 있는데 이 또한 최소화해야 한다. 삼성전자 등 대부분 상장기업은 현재 국민연금이 5% 이상의 지분을 보유하고 있다. 국민연금 이사장과 운용 간부들은 정권 변화에 따라 바뀐다. 국민연금이 기업 경영에 개입하면 결과적으로 기업들이 정부 눈치를 보게 될 것이다.

국민연금은 전체 국민의 노후를 책임지고 있는 중요한 기금이다. 현재 세대를 위해 미래세대를 희생시키는 죄(?)를 범해서는 안 된다. 미래세대를 위해 연금개혁을 서둘러야 한다. 연평균 연금 운용수익률이 1% 높아지면 고갈 시기가 7년간 길어진다는 분석도 있다. 국민연금 개혁과 함께 국민연금이 수익률 극대화에 집중할 수 있도록 해야 한다.

시급히 개혁해야

　2017년 국민연금 추계 후 5년을 허송세월한 뒤 2022년 새로운 추계가 나왔지만, 2023년 현재까지도 논의만 하고 있다. 2024년 국회의원 선거가 있어 그 전에는 개혁이 될 것 같지 않다. 미래세대 부담은 더욱 커지고 있다. 시급히 개혁해야 한다.

7-3 정부관리 부실기업 조기에 민영화해야

최근 대우조선이 한화그룹에 매각되었다. 대우조선은 그동안 수익성을 무시한 무리한 수주를 하고 경영과 별 관계 없는 수많은 고문을 위촉하는 등, 방만한 경영과 분식회계 등으로 역대 최고로 많은 간부가 구속되었다. 지금이라도 민영화된 것은 다행이라고 생각된다.

8조 원 지원받은 대우조선, 2조 원에 매각돼

산업은행은 국가적으로 육성이 필요한 기업에 대해 정책 자금을 지원하고 있다. 대부분의 자금 지원은 일반 상업은행보다 지원 조건이 유리하므로 누구나 정책 자금 받기를 원한다. 이 과정에서 자금 지원을 둘러싸고 로비나 정치적 압력이 작용하기 마련이다. 자금 지원을 받은 기업 중 상당수는 부실기업이 되어 주 채권자인 산은이 주인이 되었다. 산은은 대우조선 외에도 많은 부실기업을 소유하고 있다. 대우조선은 1999년부터 23년간 정부의 관리를 받으며 8조 원의 공적자금을 지원받았으나 결국 2조 원에 매각되었다.

정치적 그늘에서 벗어날 수 없는 정부 관리기업

앞으로 대우조선과 같은 정부 관리기업의 비리와 부실 문제가 재발하지 않도록 하려면 어떻게 해야 하는가? 전문가들은 하나같이 투명한 인사제도를 확립해 낙하산 인사를 막고 능력 있는 전문가를 인선해야 한다고 말한다. 아울러 산업은행이나 회계기관이 감독을 철저히 해야 한다고 한다. 그러나 산업은행이 CEO를 잘 뽑고 감독을 잘 하는 것이 지속적으로 작동할 수 있을까? 앞으로 어떤 정부가 집권하더라도 산업은행 CEO는 정치적으로 임명될 수밖에 없다. 그렇게 임명된 CEO가 어떻게 자회사 CEO 선정에 정치적 영향을 안 받을 수 있으며, 어떻게 외부 압력에 초연할 수 있겠는가? 사회 분위기에 따라 한두 번쯤은 적재적소의 인사가 될지도 모른다. 그러나 구조적으로 정치적 영향을 받을 수밖에 없는 상황에서 공정한 인사와 소신 있는 경영을 기대하기는 어렵다.

조기 민영화가 답이다.

근본 대책은 조기에 민영화하는 것이다. 그동안 민영화를 적극적으로 추진 안 하는 주된 이유는 '제값을 받아야 한다.'는 것이었다. 저가에 매각한 것으로 비춰질 경우 각종 감사나 국회 청문회 등에서 문제 될 것이 두려운 것이다. 산업은행 입장에서도 많은 자회사를 소유하는 것이 크게 나쁠 것이 없다. 퇴직자들을 위한 자리가 늘어나고 자신들의 권한도 커지기 때문이다.

시장 왜곡하고 기회비용은 눈덩이

그러면 공기업 상태로 유지되면 경영이 호전될 수 있을까? 정치적으로 임명된 CEO가 봉급이나 연임 등 특별한 인센티브도 없는데 경쟁기업보다 잘할 가능성은 거의 없다. 대우조선은 23년간 공기업으로 있으면서 저가 수주로 국내 다른 조선사에도 피해를 주었다. 금번 대우조선 민영화에 대해 현대중공업 정기선 사장은 "이제 대우조선의 무리한 저가 수주가 없어질 것으로 보여 다행이다."라고 언급했다. 언제까지 공기업으로 유지할 것인가? 때로는 투입된 비용보다 손해를 보더라도 당시 상황에서 적정한 가격이라면 매각해야 한다. 자금의 기회비용을 생각해야 한다. 부실기업에 1조 원을 투입하여 손해 안 보려고 기다리다가 10년 후 1조 원에 매각하였다고 하자. 조기에 매각하였더라면 그 돈으로 더 많은 유망 기업을 지원할 수 있었을 것이다.

주인 없는 공기업은 속성상 효율성을 기대할 수 없다. 독점력 남용이나 공공재적 성격이 강해 공기업으로 유지할 이유가 있지 않은 한 공기업은 조속히 민영화해야 한다. 아울러 공직자들이 소신껏 민영화를 할 수 있도록 면책조항 등 여건을 마련해 주어야 한다.

7-4 감사원을 재정 비효율 제거 컨트롤 타워로

예산의 효율성 분석, 너무 미약 – 합법성 위주에서 효율성 위주로

결산의 중요성

　매년 중앙 정부, 지방자치단체, 공기업, 공공기관의 비효율적 재정지출 사례가 숱하게 지적된다. 비효율적 지출은 관련 기관이 제일 잘 알지만 잘 못 이야기하면 자기 조직에 손해가 될 수 있으므로 외부에 드러내기를 꺼린다. 예컨대 기존 사업이 비효율적이어서 중단하고 신규 사업을 하겠다고 예산 신청을 할 경우, 기존 사업 예산의 삭감은 물론 관련 조직도 축소될 가능성이 있다. 이런 현실에서 관련 기관이 스스로 개혁하는 데는 한계가 있다. 결국, 외부에 의한 견제와 문제 제기가 활성화되어야 한다. 재정지출의 비효율성을 체계적으로 제기할 기관은 기재부 예산실, 국회, 감사원, 언론, 재정 전문가이다.

　국회는 예산 심의를 통해 비효율적 재정지출을 억제해야 하지만 현실은 포퓰리즘으로 비효율적 예산을 양산(?)하는 기관이다. 쌀이 남아 매년 수천억 원의 예산이 낭비되고 있는데 오히려 쌀 매입을 확대하는 법을 만드는 기관이다.

언론, 재정 전문가의 문제 제기도 기대하기 어렵다. 외부 기관은 정보 부족, 재정지출의 복잡성 등으로 재정지출을 분석하기 어렵다. 예컨대 복지지출의 문제를 제기하려면 보건복지부 예산뿐만 아니라 행안부, 여성가족부, 농축산부, 국토부의 관련 예산도 검토하여야 한다. 부처마다 나름의 복지 프로그램이 마련되어 있다. 아울러 시·도, 시·군·구의 복지지출도 검토해야 한다. 외부인으로서 이런 예산들의 집행 과정을 분석하는 것은 매우 어렵다. 게다가 관련 직원이 협조적일 리도 없다. 더욱 어려운 것은 관련 프로그램이 매년 바뀐다는 점이다. 이런 이유 등으로 세제 전문가는 많아도 재정지출 전문가는 거의 없다. 관련 공무원에게 환영(?)받지도 못하고 힘만 많이 들기 때문이다.

재정지출의 비효율성을 가장 열심히 따지는 곳은 당연히 예산실이다. 예산실은 국가적으로 필요한 사업에 지원을 확대하려 하고, 그 재원을 마련하려면 비효율적 사업은 삭감해야 한다. 그러나 현실적으로 예산실의 한정된 인원으로 그 많은 사업의 타당성을 분석하는 것은 어렵다. 우리나라 인사제도 상 1~2년마다 담당 업무가 바뀌기 때문에 각종 사업의 집행 상황까지 알기는 어렵다. 필자의 경우 과거 교육부 예산과장과 농림부 예산과장을 1년씩 하였다. 예산실의 타당성 검토는 주로 수요 기관의 자료에 의존할 수밖에 없다. 수요 기관의 예산 요구에 의하면 모든 사업이 타당성 있다. 따라서 비효율적 사업을 찾는 것은 쉬운 일이 아니다. 신규 사업의 타당성 검토는 미래 예측의 어려움 등으로 현실적으로 한계가 있다. 그러나 재정사업은 대부분 매년 반복되거나 기존 사업과 유사함으로 결산을 통해 기존 사업을 철저히 분석하고 평가하면 재정지출의 비효율성을 제거할 수 있다. 그러므로 결산 정보는 재정지출의 비효율성을 제거하는데 매우 중요하다. 그런데 재정지출의 효율성을 분석하기 위한 정보는 미흡하다.

감사원, 합법성 위주, 효율성은 뒷전

감사원은 결산을 통해 중앙 정부, 지자체, 공기업, 정부 산하기관, 정부 보조기관 등 전체 공공기관의 재정 집행 현황을 분석하고 평가할 수 있는 법적 권한과 전문 인력을 보유한 유일한 기관이다.

현행 감사원의 업무 관행을 보면 **재정지출의 합법성을 점검하는 데 중점을 두고 재정지출의 효율성 검토는 상대적으로 소홀하다**. 예컨대 어떤 시설을 건설할 경우 자재를 적정 가격으로 구매하였는지 검토는 잘하나 그와 같은 시설 투자의 효율성에 대한 검토는 상대적으로 소홀하다. 예컨대 과천 국립 현대 미술관의 경우 적은 비용으로 미술관을 건설하여 예산상 문제가 없었는지는 모르지만, 교통이 불편한 지역에 미술관을 건설하여 이용객이 적은 점은 더 큰 문제이다. 즉 예산 집행 과정의 낭비보다 비효율적 사업 자체가 더 큰 문제인 것이다.

감사원의 기능이 재정지출의 합법성에 중점을 두고 있다는 것은 감사원을 사정 기관으로 인식하고 역대 감사원장 대부분이 판사, 검사 등 법조인 출신이라는 점을 보면 알 수 있다. 경제 전문가는 전윤철 전 재경부장관이 유일한 예이다. 이와 같은 환경에서 재정지출의 효율성 감사는 소홀할 수밖에 없다.

법이 아닌 경영의 관점으로 바라봐야

수많은 사업과 막대한 재정지출은 매년 반복되는데 재정 낭비를 대증요법으로 제거하는 것은 한계가 있다. 이를 지속적으로 제거할 수 있는 제도적 시스템이 필요하다. 그러기 위해서는 비효율적 재정지출에 대한 문제 제기가 강화되어야 한다. 이 기능은 감사원만이 할 수 있다. 감사원의 업무 중점을 법령 위반 적발 등 합법성 감사에서 재정지출의 효율성 분석, 평가 기능 강화로 전환해야 한다. 가끔 언론이 재정지출의 낭비 사례를 보도하기도 하지만 수박 겉핥기에 불과하다.

따라서 감사원의 결산 기능이 효율성 검토 위주로 강화되어야 한다. 이를 위해 감사원장은 법조인 위주에서 탈피하여 경제, 경영 전문가로 선임해야 한다. 조직의 정체성도 사정 기관의 인식에서 '맥킨지'같은 국가 경영 효율성 제고 기관으로 전환해야 한다. 조직문화도 legal mind에서 경영 마인드로 전환되어야 한다. 이를 위한 직원 교육도 강화하고 MBA 등 전문 인력을 보강해야 한다. 그리고 정치권 영향을 배제하기 위해서는 감사원장 임기를(예, 10년) 장기화해야 한다.

재정지출 비효율성을 제거할 시스템을 갖추지 않는 한 재정 낭비는 계속될 것이다.

외국은 어떠한가?

미국은 우리나라 감사원에 해당하는 기관 이름을 과거 General Accounting Office에서 Government Accountability Office(GAO)로 변경하였다. 의회 소속으로 재정지출의 효율성 분석에 중점을 두고 역대 CEO는 회계사 등 경제·경영 전문가이며 임기는 15년이다. 영국, 캐나다, 호주, 뉴질랜드 등 영·미 국가는 미국과 유사하며, 기관장이 경제·경영 전문가이고 업무 중점도 재정지출의 효율성 평가에 두고 있다.

〈역대 감사원장〉

1대	이원엽	군인
2대	한신	군인
3-4대	이주일	군인
5-6대	이석제	군인
7대	신두영	행정공무원
8-9대	이한기	법조인

10대	정희택	법조인
11-12대	황영시	군인
13-14대	김영준	법조인
15대	이회창	법조인
16대	이시윤	법조인
17대	한승헌	법조인
18대	이종남	법조인
19-20대	전윤철	경제공무원
21대	김황식	법조인
22대	양건	법조인
23대	황찬현	법조인
24대	최재형	법조인
25대	최재해	행정공무원

7-5 재정 건전성 유지가 유일한 통일비용 준비이다

통일은 우리 민족이 하나가 되고 다시금 도약할 수 있는 중요한 계기가 될 것이 분명하다. 하지만 많은 후유증을 겪지 않으려면 치밀한 준비가 필요하다. 통일 준비의 중요한 과제 중 하나는 통일비용의 조달이다.

비현실적인 통일비용 추계

우선 통일비용이 얼마나 들 것인지 알아야 하는데 신뢰할 만한 추계가 없다. 대부분의 추계가 거시경제 모형에 따라 이루어지고 있는데, 몇 가지 이론적인 가정만 근거로 추계하여 그 타당성이 의문시된다. 예컨대 2014년 금융위원회 자료에 의하면 통일 후 북한의 1인당 GDP를 당시 1,200달러 수준에서 20년 안에 1만 달러 수준으로 끌어올리기 위한 경제개발비를 5,000억 달러(약 550조 원)로 전망하였다. 이것은 통일비용을 너무나 과소평가한 비현실적인 전망이다. 동 자료에 의하면 철도, 도로, 전력 등 기반 시설에 20년간 1,400억 달러, 1년에 70억 달러(약 7조 7,000억 원) 소요되는 것으로 보았다. 현재 사실상 철도, 도로, 전력 등이 완비된 상태인 남한의 2016년 관련 예산이 23조 원이다. 그런데 도로, 철도 등 기반 시설이 노후화되어 사실상 모든 시설을 새로 건설해야 할 북한의 기반 투자 수요가 연 7조 원이라는 것은 턱없이 적은 것으로 판단된다. 거시모형에 의한 통일비용 추계는 위에서 지적한 바와 같이 현실성이 없는 경우가 대부분이다.

남북한 통일비용 〉 동서독 통일비용

　이제부터 현실적인 통일비용 전망을 해야 한다. 과거 경제개발 5개년 계획을 수립하는 것과 같이 각 부처가 참여하여 분야별로 전망 작업을 해봐야 한다. 즉 도로, 항만, 기초 생활 보장비 등을 부문별로 추계할 필요가 있다. 참고로 독일은 1990년 통일 이후 10여 년 동안 매년 130조 원 정도를 통일비용으로 투입하였다. 당시 서독 인구는 6,200만 명이고 동독 인구는 1,600만 명으로, 동독 인구가 서독의 4분의 1에 불과했다. 반면 2021년 남한 인구는 5,100만 명이고 북한은 2,600만 명으로 남한의 2분의 1이다. 남북한의 인구비율이 동서독에 비해 높고 1인당 GDP도 현격한 차이를 보인다. SOC 등 기반 투자와 복지비 등을 고려하면 남북한 통일비용 부담은 독일보다 훨씬 클 것으로 추산된다.

현실성 없는 통일기금 적립론

막대한 통일비용은 국민경제적으로 엄청난 부담을 줄 것이므로 충격을 최소화하기 위한 조달 방안을 마련해야 한다. 그런데 통일비용 조달에 대해서는 정부 내에서도 제대로 논의가 없는 것 같아 걱정된다. 통일비용 조달과 관련하여 많은 사람이 오해하는 것이 통일기금의 적립이다. 기업이나 개인은 큰일에 대비해서 필요한 자금을 사전에 저축하여 조달할 수 있다. 그러나 국가는 통일기금을 적립하는 식으로 준비할 수 없다. 예컨대 정부가 통일에 대비해 매년 통일기금으로 10조 원씩 적립한다고 하자. 적립된 수십조 또는 수백조 자금을 국내 민간에게 빌려주었다가 갑자기 통일이 되었을 경우, 단기간에 거액의 자금을 회수하기가 어려울 것이다. 급격히 회수할 경우 금융시장에 대혼란을 불러올 것이다. 그렇다고 이를 매년 해외 기관에 예치한다면 국내에 소비, 투자할 돈이 그만큼 줄어들어 경기가 위축될 것이다. 최근 세입부족으로 국채를 발행하는 형편인데, 통일기금으로 10조 원을 걷어 해외에 예치한다면 논리적으로 타당성이 없다. 앞으로도 적자 재정이 불가피한 경우가 많을 텐데 매년 거액의 자금을 통일기금으로 적립하는 것은 타당성이 없다.

재정 건전해야 통일도 가능해

 통일이 이루어질 경우, 기존 지출 조정만으로는 막대한 통일비용을 조달할 수 없어서 증세나 국채 발행이 불가피할 것이다. 이것이 국민경제에 부담이 안 되도록 하려면 조세부담률과 국가부채비율을 평소에 낮게 유지하여 통일 시 인상할 수 있는 여지를 남겨두어야 한다. 현재 우리나라 국가부채비율은 GDP의 50% 수준으로 건전한 편이지만, 고령화로 인한 복지비 증가와 각종 연금과 공기업 부채 등 잠재적 요소를 감안하면 국가부채는 급격하게 늘어날 전망이다. 결국, 가장 현실적인 통일비용 준비는 재정 건전성 유지이다. 재정이 건전하지 않은 상태에서 통일을 맞이한다면 엄청난 후유증을 피할 길이 없다.

7-6 국가부채 무관심한 기성세대, 청년당이 나와야

저출산, 고령화와 국가부채 급증의 거대한 쓰나미가 몰려오고 있다. 급속한 저출산, 고령화로 2050년경에는 국가기능을 제대로 할 수 있을지가 의문이다. 최근 추계에 의하면 노인 인구 비중이 2022년 17%에서 2050년에는 40%로 전망된다. 총인구는 이미 2021년부터 감소하고 있다.

일본보다 심각한 위기 상황

저출산, 고령화는 전 분야에 걸쳐 심대한 영향을 미친다. 우리나라의 2050년을 전망해 보면 세계에서 고령화 비율이 가장 높은 일본보다 문제가 훨씬 심각하다. 현재 일본의 고령화 비율은 28% 수준인데, 30년 후 우리나라는 40%가 된다. 현재 일본의 합계 출산율은 1.3명 수준이고 우리나라는 2022년 0.78명인데 그마저도 계속 낮아지는 추세다. 일본의 경우 소비와 투자가 침체하고, 경제 성장률과 소비자물가 모두 1% 미만의 디플레이션을 경험하고 있다. 우리나라도 뭔가 특단의 대책이 없는 한 일본보다 더 어려운 상황이 예상된다. 정부는 현재 우리나라의 국가부채비율이 낮아 지출을 늘려도 국가부채 문제는 없다고 하지만 우려되는 면이 많다. 현재 우리나라와 고령화 비율이 비슷했던 1990년대 일본의 국가부채비율은 60% 수준이었지만, 복지비 증가 등으로 현재는 국가부채비율이 250%에 달하는 세계 최고 국가부채국이 되었다. 우리나라도 문재인 정부를 거치면서 국가부채가 400조 원이 늘어나서 1,000조 원을 넘어섰다.

국민연금, 건강보험 곳곳에서 울리는 경고음

국민연금의 경우 2055년경에는 완전히 고갈될 것으로 전망된다. 그 경우 연금 부담률은 현재의 9%에서 26%로 늘어야 한다. 그런데 국민연금의 조기 고갈을 막기 위한 개혁 대책이 문재인 정부에서는 전혀 없었다. 국민건강보험 부담도 크게 늘어날 것이다. 2022년 고령 인구는 전체의 17%인데 의료비 지출은 43%를 차지하고 있다. 고령화가 진행될수록 의료비는 급증하기 마련인데 고령 인구가 40%에 이르면 보험료를 얼마나 더 올려야 할 것인가? 줄어드는 청년세대가 감당할 수 있겠는가? 향후 저출산으로 출생아가 20만 명 정도일 경우 현재의 60만 군대를 유지할 수 있을까? 그렇다고 모병제로 전환한다면 그 비용은 누가 부담해야 하는가?

이상 몇 가지 사례 외에도 현재는 상상할 수도 없는 수많은 문제가 발생할 것이다. 저출산, 고령화와 국가부채 문제는 지금 당장 대비해야 한다. 문제가 현실화되면 해결이 불가능하다. 이렇게 국가적 명운이 걸린 중대한 과제임에도 정부나 여야 정치인에게 선 그런 위기의식을 찾아보기 어렵다. 범부처적으로 강력히 추진해도 쉽지 않은 저출산, 고령화 문제는 조정력이 미약한 보건복지부에만 맡겨놓고 있다. 일본은 그동안 저출산, 고령화 문제를 전담하는 '1억 총 활약 담당상'이라는 장관을 두고 있다가 2023년 4월에는 '아동가족청'을 새로 설치하였다.

알고도 모른 체하는 기성세대, 결국 청년이 나서야

 국가의 존망이 걸린 과제에 대해서 정부나 정치권은 왜 무관심한가? 정책 당국자 등 대부분은 문제의 중요성을 인식하고 있다. 그러나 문제가 발생할 시점이 지금이 아니고 20~30년 후이기 때문에 관심 대상에서 멀어지고 있는 것 같다. 또한 현재 우리나라 지도층 대부분은 50대 이상이다. 2050년에 그들은 80세 이상이 된다. 복지 포퓰리즘으로 재정이 파탄 나더라도 후유증은 그들이 죽은 후에나 발생할 문제다. 결국, 목마른 사람이 우물을 팔 수밖에 없다. 저출산, 고령화와 재정 파탄으로 고통을 당할 청년들이 나서야 한다. 2023년 43세인 국민은 2050년 70세가 된다. 오늘, 지금부터 미리 대비하지 않으면 재정은 거덜 날 것이고, 그렇게 되면 각종 연금 또한 제대로 받을 수 없게 될 것이다. 그때 가서 과거 정부, 당시의 정치인을 비난해도 아무 소용 없다.

2024년에 국회의원 선거가 있다. 표만 의식하여 국민연금 개선 방안 하나 안 만드는 정치권에 미래를 맡길 것인가? 미래를 위한 개혁은 제대로 하는지, 재정 포퓰리즘을 조장하는 것은 아닌지를 청년들이 따져보고 목소리를 내야 한다. 그리고 내년 총선에는 청년당이 나와야 한다. 국회의원과 국무위원의 청년 비중을 늘려야 한다. 비례대표 국회의원 선정 시 40세 미만 비중을 50%로 해야 한다. 스웨덴은 현재 전체 국회의원 중 40세 미만이 30%이다. 청년들이 직접 자신들의 미래를 디자인해야 한다.

8

정부와 정치를 혁신해야 한다

민주화 이후 대통령 선거 등 각종 선거를 치를 때마다 포퓰리즘적 정책이 난무한다. 미래를 위한 개혁은 등한시하고 정파적 이익을 위한 정쟁에만 열중한다. 정부, 공기업 등 공공부문은 경쟁도 도산도 없고 책임과 인센티브도 제대로 작동하지 않아서 민간부문보다 효율성이 크게 떨어진다. 공공부문의 효율성과 책임성을 높이기 위해서는 대증요법이 아닌 전반적인 시스템 개혁이 필요하다.

8-1. 정부는 구조적으로 비효율적일 수밖에 없다
8-2. 강력한 정부 개혁기구 설치
8-3. 개혁은 군사 작전처럼
8-4. 공무원을 춤추게 하라
8-5. 규제개혁보다 중요한 행정의 신속성
8-6. 방치된 세종시 공무원 비효율
8-7. 주요 법안, 정책에 발의자 이름 붙이자
8-8. 고령화 시대, 시급한 지방 행정조직 개편
8-9. 제왕적 대통령 폐해 막으려면 대통령 인사권 제한해야
8-10. 국회 포퓰리즘 막을 제도적 장치
8-11. 국회의원 수준=유권자 수준
8-12. 정의도 내로남불?
8-13. 결선투표제 도입
8-14. 국민에게 쓴소리하는 정치인 나와야

8-1 정부는 구조적으로 비효율적일 수밖에 없다

국민은 무슨 문제만 생기면 "정부는 무엇 하나?" 하며 정부가 나서기를 바란다. 보육 시설도 민간시설보다 공공 보육 시설을 선호한다. 공기업의 민영화도 반대하는 국민이 많다. 민영 주택보다 공공주택 건설 확대를 선호한다. 그러면 정부가 더 효율적인가? 그렇지 않다. 정도 차이는 있지만, 전 세계의 모든 정부가 비효율성의 문제로 골머리를 앓고 있다. 공무원이나 공기업직원의 자질이 낮기 때문이 아니다. 시스템적으로 효율성을 발휘하기 어렵기 때문이다.

주인 정신 부족

민간 회사원이 열심히 일하는 것은 공무원보다 도덕적으로 훌륭해서가 아니라 누군가 열심히 일하도록 챙기기 때문이다. 공무원이나 공기업직원에게는 그런 사람이 없다.

기업의 오너는 이익이 얼마인지, 누가 열심히 일하는지를 챙긴다. 장관이나 공기업 사장도 직원들을 챙기지만, 민간기업의 오너에 비할 바는 아니다. 기업은 이익을 극대화 하고자 저능률 직원을 해고하지만, 공기업은 그렇게 안 한다. 이익 더 낸다고 누가 알아주는 것도 아니고 직원 해고로 괜히 노조의 공격을 받고 인심만 잃는다. 정부, 공기업을 견제하는 국회, 언론 등도 국민을 대리해 감시한다지만 기업의 오너 같을 수는 없다. 어떤 공기업 사장은 경비 절감 차원에서 국회, 언론 등에 대접(?)을 소홀히 하던 중 작은 사건이 발생하자 각종 비판으로 임기 중 사퇴하였다.

과거 공기업 개혁의 일환으로 고속도로 휴게소 운영권 선정 방식을 기존 사업자 수의 계약에서 경쟁 입찰로 바꾸었다. 개편 결과 휴게소 수입이 최고 10배 정도 증가하였다. 만약 도로공사 담당 직원이 휴게소 주인이었다면 그동안 적은 수익을 보고도 뒷짐지고 방관할 수 있었을까?

경쟁도 도산도 염려 없는 공기업

정부는 물론 공기업이 방만한 경영을 하는 것은 경쟁도 도산도 염려 없기 때문이다. 한국전력, LH공사, 코레일 등 공기업은 엄청난 부채를 안고 있지만, 임직원 누구도 도산을 걱정하지 않는다. 한전의 경우 2023년 상반기 기준 부채가 201조 원이고 **최근 누적적자가 40조 원을 능가하는데도 한전 공대를 설립하여 수천억 원을 지원하고 있다**. 국민의 수신료로 유지되는 KBS는 직원 평균 연봉이 억대이며 30% 이상이 유휴인력이지만 그동안 구조조정 노력은 없었다.

경제성과 비용개념 희박

 민간기업은 매출이 크게 상승해도 적자가 나는 사업은 투자하지 않는다. 또 동일한 투자 금액이라면 이익이 큰 사업에 투자한다. 그러나 정부는 정치적 고려에 의해 비효율적 투자를 하는 경우가 흔하다. 지방 공항은 김포, 김해, 제주 공항을 제외하면 이용객도 별로 없고 모두 적자이다. 2024년에도 가덕도, 경북 대구, 서산 공항 등이 추진된다. 공항 건설비와 운영비는 중앙 정부가 부담하기 때문에 관련 지자체는 너도나도 요구한다. LH공사가 지은 임대주택은 지역에 따라 빈집이 30% 이상인 곳도 있다. 임대주택 건설 목표 달성에 급급하여 교통이 불편한 곳에 지어 수요자가 외면하였기 때문이다.

 세월호 인양, 진상 조사에 천억 원 이상 투입되었다. 교통안전 강화에는 얼마나 투자하였는가? 각종 국제 행사 시 성과만 중시하고 비용은 관심이 적다. 박람회 참가국 수를 늘리려고 인구 5만도 안 되는 국가의 전시관 설치 및 운영비를 전액 지원한다. 지난 평창 올림픽 당시 천억 원 이상 투입하여 정선군에 일부 스키 경기시설을 설치하였는데 그 후 아무 쓸모가 없다. 공공보육시설이 민간시설보다 저렴하다고 인기가 많다. 그러나 민간시설보다 훨씬 많은 정부의 지원이 이루어지고 있다는 사실을 잊지 말아야 한다.

합목적성보다 합법성을 우선

　공무원은 일 처리에 있어 합법성을 중시한다. 예측 가능성과 법치주의 면에서 필요하다. 그러나 정부나 법률이 무엇 때문에 있는지를 먼저 생각해야 한다. 법령에 위배 되더라도, 관련 법령이 여건 변화로 타당성이 없다면 조속히 개정하고 그 과정에서도 신축적으로 집행해야 할 것이다.

　과거 필자가 공정거래위원회에 과장으로 근무할 때 일이다. 당시 기술도입 등 모든 국제계약은 불공정한 계약 내용을 포함해서는 안 되며, 그런 경우 공정위는 시정명령을 하도록 되어 있었다. 예컨대 외국 기업이 국내 기업에 기술을 공여하면서 특정 국가에는 수출해서는 안 된다고 하는 경우가 여기에 해당한다. 이 법령의 근본 취지는 국내 기업을 보호하기 위한 것이다. 그러나 현실은 이 규정으로 국내 기업들이 엄청난 불편을 겪고 있었다. 기업들도 불공정 계약을 맺고 싶지 않지만 필요한 기술을 도입하려면 일부 불공정 계약은 감수할 수밖에 없으므로 공정위가 그 일로 시정명령을 하지 말 것을 부탁하였다. 그러나 담당 직원은 이런 경우 시정명령을 안 하면 감사원 감사 시 지적당할 것을 우려해서 매년 수백 건 시정명령을 하였다. 다행히 국가 경제를 위해서는 예외를 둘 수 있다는 조항이 있어서 이 조항을 활용하여 기업이 원하지 않는 경우는 시정명령을 하지 않도록 운영을 개선하여 기업의 부담을 줄일 수 있었다.

　현실적으로 공무원들이 합목적인 업무 집행을 하는 경우에도 감사에서 합법성을 위배하였다고 지적받아서 적극적인 행정을 못 하는 경우가 많다.

정확한 평가의 어려움

업무의 정확한 평가를 기반으로 상벌이 엄격하면 공직자의 책임성을 높일 수 있을 것이다. 그러나 공직사회는 민간기업과 달리 정확한 업무평가가 어렵다.

성과 목표의 이중성

민간기업의 경우 이익 극대화, 시장 점유율 확대, 비용 최소화 등 목표가 단순하다. 그러나 정부는 경제 성장률 제고, 물가 안정, 국제수지 개선 등 다양한 목표를 동시에 추구한다. 때로는 목표 간에 상충되는 경우도 많다. 금리를 올리면 물가 안정에 도움이 되지만 경기는 위축된다. 기재부 장관의 평가는 무엇으로 해야 하나?

문재인 정부 시절, 공기업 평가 시 신규 채용을 늘리고 비정규직 근로자를 정규직으로 전환을 많이 하면 이익이 줄어도 높은 점수를 주었다. 그 결과 많은 공기업에서 이익이 줄거나 심지어 적자로 전환되기도 했다. 윤석열 정부에서는 경영수지 개선에 배점을 높여서 방만한 인력의 구조조정을 유도하고 있다. 공공부문에서는 당시 여건에 따라 성과 지표 선정부터 변화한다.

여러 기관이 관여되어 책임 소재를 가리기 어려움

많은 국민이 아파트 가격상승은 국토교통부 책임이라고 생각한다. 그러나 아파트 가격은 도시계획, 재건축·재개발 등 국토교통부 소관 이외에 통화량 증가, 금리, 유가 등 원자재 가격, 부동산 양도소득세, 재산세, 입시제도의 변화 등 많은 부처의 정책과 연관되어 있다. 같은 이유로 중소기업 문제가 최저임금, 인력부족 등과 주로 관련되어 있는데 중소기업부의 책임이라고 하기 어려운 경우도 많다.

잦은 인사로 책임자를 가리기 어려움

우리나라는 장관의 경우 재직 기간이 대체로 2년 이하이다. 장관이 바뀌면 차관 이하 국장, 과장까지 줄줄이 바뀌는 경우가 많다. 왜냐하면, 선임 국장이 승진하면 그다음 서열의 국장이 그 자리에 가기 때문이다. 필자의 경우 30여 년 공직생활 기간 중 재직 기간이 2년을 넘은 경우는 재정경제원(현 기획재정부) 경제정책국장 시절 한 번뿐이었다. 각종 정책은 기획에서 법령 제·개정, 예산

심의, 집행 등 과정을 거치는데 정책 효과가 나타나기까지는 상당한 시일이 소요된다. 많은 경우 전임자가 전년에 편성한 예산을 집행하고 본인이 계획한 예산은 후임자가 집행한다. 그래서 공직자는 전임자 복(?)이 있어야 한다는 우스갯소리가 있다. 미국의 경우 장관은 대통령과 임기를 같이하거나 임기 중 한 번 정도 바뀐다.

이해관계자의 잘못된 평가도 많아

가끔 언론기관 등이 역대 각부 장관이나 주요 공기업 사장의 업적 평가를 한다. 이 경우 평가 방법이 대부분 관련 기관 직원, 관련 기관 이해 당사자 등의 설문조사이다. 국가 경제 전체의 관점에서 관련 분야의 비효율을 개혁한 경우 직원들이나 이해관계자는 싫어할 것이다. 예컨대 농림수산부 장관이 쌀 생산 과잉이 과도하다고 판단하여 보조금을 축소하는 등 구조개혁을 하는 경우 관련 직원들이나 농민들은 반발할 것이다. 국토교통부 장관이 도로 투자를 줄이려 할 경우에도 이해관계자들은 좋아하지 않을 것이다.

공기업도 마찬가지이다. 방만한 경영을 개선하고자 구조개혁을 강화한 사장은 인기가 없을 것이다. 이런 현실에서 이해관계자에 의존한 업적 평가는 공정하지 않을 뿐 아니라 역효과가 크다. 국가 전체를 위해 소신껏 개혁한 결과가 나쁜 평가를 받는다면 누가 열심히 하겠는가?

정부는 시장 기능이 작동하지 않는 경우에 개입해야

　정부가 비효율적이라면 정부나 공기업은 왜 필요한가? 민간기업이나 시장 기능만으로 해결할 수 없는 분야는 불가피하게 정부가 역할을 해야 한다. 국방, 치안, 방역, 기후변화 대처 등 국민 전체 이익과 관련된 공공재(public good) 투자, 전력, 도로, 철도 등 인프라 투자, 실업, 물가 안정 등 거시 경제정책, 소득 분배개선, 독과점 기업의 남용 방지 등은 정부가 나서야 한다. 이럴 경우, 정부가 개입하더라도 법령에 의한 직접 규제보다는 가급적 시장 기능을 활용하는 방식으로 해야 한다. 예컨대 주택가격을 안정시킬 경우, 가격 규제보다는 공급 확대 등 수급을 조절하는 방식으로 해야 한다. 결론적으로 시장의 실패보다는 정부의 실패가 크므로 정부는 최소한으로 개입해야 한다.

8-2 강력한 정부 개혁기구 설치

재정지출 조정, 공기업 개혁 등의 정부 개혁은 역대 정부가 추진하였으나 효과는 별로 없었다. 그 이유는 기존 제도에서 혜택을 받는 기득권층의 반발이 크기 때문이다. 개혁이 성공하기 위해서는 이해관계자에 대한 설득이 중요하다.

개혁의 성공 조건

기득권층의 반발을 최소화하고 개혁을 성공시키기 위해서는 개혁에 대한 범정부적, 범국민적 공감대 형성이 중요하다. 각 기관 내부에서 개혁의 필요성을 이해한다고 할지라도 전 사회적으로 개혁의 분위기가 정착되지 않으면 "개혁, 꼭 해야 돼?" "왜 우리만 개혁해야 해?" 등의 불만이 고조되기 때문이다. 이런 불만은 개혁의 주체들이 개혁의 필요성을 설득하기 어렵게 만든다. 따라서 정부 개혁이 누구도 피할 수 없는 국가적 과제가 되어야 한다. 모든 기관이 개혁에 동참할 수밖에 없는 사회적 분위기를 조성해야 한다.

정부 개혁이 필요한 이유

미국의 경우 과거 클린턴 대통령 시절, 고어 부통령을 위원장으로 정부개혁을 추진하는 정부 재창조 운동(reinventing government)을 대대적으로 추진한 바 있다. 우리나라에서도 1998년 외환위기 시 김대중 정부에서 4대 부문 개혁 중 공공개혁의 일환으로 기획예산처에 '정부개혁실'을 설치하고 공기업 및 정부 산하기관을 대상으로 강력한 개혁을 추진하였다. 안타깝게도 그 이후 현재까지 본격적인 정부 개혁은 이루어지지 않았다. 지난 20여 년간 크게 변화한 경제 사회 여건을 고려한다면 전반적으로 정부를 포함한 공공부문의 리모델링이 필요한 시점이다. 특히 문재인 정부 시절 복지증대, 코로나 지원 등으로 정부 예산 확대, 공무원 증원, 공기업직원 증원 등으로 공공부문의 비효율성이 커진 상태여서 그 어느 때보다 정부 개혁이 필요한 때라고 생각된다.

미래에 국가부채는 지속적으로 늘어날 터인데 이를 방지하려면 효율적인 정부를 만들어야 한다.

대통령 직속 '정부 개혁위원회' 설치해야

범국민적 정부 개혁 분위기 조성과 강력한 추진을 위해서는 한시적으로 정부 개혁 추진을 위한 구심체를 설치해야 한다. 개혁 구심체가 설치되면 민간 등에서도 각종 개혁 요구, 개혁 방안 제시 등이 활성화될 수 있다. 이를 위해 대통령 직속 기구로 '정부 개혁위원회'를 설치해야 한다. 위원회에서는 정부 개혁의 추진 방향을 정립하고 계획을 수립해야 한다. 또 위원회는 관련 기관의 개혁 추진 상황을 점검하고 독려하며 평가 및 조정해야 한다.

8-3 개혁은 군사 작전처럼

우리나라가 한 단계 더 도약하기 위해서는 개혁해야 할 과제가 많다. 역대 정부에서 필요한 개혁을 등한시하였거나 오히려 역행한 정책들이 많았다면 이들을 바로잡기 위해서 정부는 많은 개혁을 해야 한다. 예컨대 규제개혁, 연금개혁, 정부 개혁, 노동개혁, 교육개혁 등 많은 과제가 있다.

치밀한 준비 없는 개혁의 위험성

최근 일부 개혁 추진 과정을 보면 치밀한 준비 없이 이루어져 추진 초기부터 어려움을 겪는 경우가 많다. 정부가 발표한 정책들은 추진 과정에서 국민의 의견을 충분히 수렴하되 정책의 기본 취지는 관철되어야 한다. 정부가 준비 없이 불쑥 문제 제기를 하고 이해관계자가 반발하면 후퇴한다는 인식이 팽배해지면 각종 개혁을 추진할 때마다 강한 반대에 부딪히게 된다. 실제로 민주화 이후 정책 추진 과정에서 무조건 반발하면 무엇인가 얻는다는 인식의 확산으로 정책 추진이 점점 어려워지고 있다.

개혁은 군사작전처럼

　개혁이 성공하려면 치밀한 준비가 있어야 한다. 개혁은 혁명보다 더 어렵다고 한다. 기존 질서를 완전히 무시하고 새로운 판을 만드는 것보다 기존 질서 내에서 부분적으로 수정하는 것이 더 어렵다는 것이다. 개혁은 달리는 자동차의 바퀴를 교체하는 것과 같다. 개혁이 어려운 이유는 대부분 기득권층의 반대가 심하기 때문이다. 기득권층은 비록 소수일지라도 자기들의 소득과 직결되는 변화에 크게 반발한다. 개혁의 명분이 좋더라도 이를 성공시키기 위해서는 치밀한 준비가 필요하다. 군사 작전에서 적진을 점령하기 위해서는 공격 부대의 전력이 수비부대보다 3배는 되어야 한다. 이와 같은 수적 우위에 더하여 공격과 관련된 날씨, 공격 시간, 비상시 대책 등을 철저히 점검해야 한다. 총 한번 잘못 쏘면 전체 작전계획이 알려져서 수많은 아군이 죽을 수도 있다. 기업도 새 제품을 출시할 경우 제품 품질 외에 가격, 제품명, 광고 모델, 광고매체 등 세밀하게 준비한다. 과연 정부는 개혁을 추진할 때 적의 고지를 점령하기 위한 군사작전과 같은 치밀한 준비를 하는가? 개혁이 성공하려면 치밀하게 사전 계획을 세워야 한다.

　최근 교육부가 추진하려던 '초등학교 입학 연령(6세→5세) 인하'를 예시로 준비 절차를 생각해 본다.

〈정책 수립 사전 점검표〉

a. 연령 인하는 왜 하는가?
어린이 학습능력, 인력수급, 저출산 영향, 재정영향, 학부모 부담 등

b. 각계각층의 예상 반응 점검
학부모, 유치원·어린이집 원장, 보육교사, 초등학교 교사, 교육학자, 사교육업체, 언론계, 시민 단체, 기업계, 야당 등 여론조사를 통한 국민의식조사 필요

c. 반대하는 계층 분석
어떤 사람들인가? 응집력은? 반대 논리는? 설득 대책은?
＊반대 세력이 소수일지라도 응집력, 정치적 영향력이 큰 집단인가?

d. 지지계층 또는 우호세력 분석
지지세력과 우호세력을 어떻게 조직화하고 활용할 것인가?

　✚과거 사례 : 우호세력을 조직화한 사례
　과거 연탄 판매 지역 규제로 수원, 안양 등 경기도 주민들은 양질의 서울 지역 공장의 연탄을 구매할 수 없었다. 동 규제를 철폐하려는데 경기도 소재 중소 연탄 공장의 반대가 격심하였다. 국회에서도 중소 연탄 공장 보호를 명분으로 반대하였다. 이에 경기도 소재 부녀회 등 소비자들에게 규제 완화가 소비자 이익임을 적극 홍보하여 이들이 국회 등에 적극적으로 청원하여 규제개혁에 성공하였다.

e. 외국 사례
어떻게 활용할 것인가? 또는 어떻게 반론을 할 것인가?

f. 문제 제기를 어떻게 할 것인가?
전문가 토론회, 저명인사 기고, 유명 연구원 보고서, 정부 정책 시안 발표 등 보완대책을 미리 강구하여 반대 논리를 사전 방지. 어떤 시기에 문제 제기할 것인가? 사전 분위기 조성은 어떻게 할 것인가?
　예) 저출산으로 인력 부족 시대 온다. 취학 전 사교육비 부담이 크다.

g. 각종 개혁 과제 조율 필요
동시에 여러 가지 개혁과제를 추진하는 것은 어려우므로 국민 여론, 언론 환경, 국회, 정당 동향 등을 감안하여, 개혁과제의 우선순위와 추진 시기 등을 결정. 시너지 효과가 있거나 상호 보완관계가 있는 대책은 동시 추진
＊과거 사회안전망 강화 시책을 먼저 발표한 후 노동시장 유연성 대책을 추진해 노동계 반발을 완화하기 어려웠음. 두 대책을 동시에 발표했어야 함

※ 대통령실이나 국무총리실이 중요 개혁과제의 사령탑 역할 수행
개혁과제 추진 시기 조정, 추진 상황 점검, 관련 부처 협조 사항 조율

공무원 정책수립 역량 강화해야

성공적인 개혁을 추진하기 위해서는 교육 등을 통해 공무원의 정책수립 역량을 제고해야 한다. 정책의 변경이나 새로운 정책수립 시 준비를 철저히 하도록 제도화해야 한다. 정책 추진 시 위에서 언급한 '정책수립 사전 점검표' 작성을 의무화하고 장·차관 등 간부들은 점검표를 중심으로 개혁 추진 전략에 대한 심층 토의를 의무화해야 한다. 동 내용을 훈령으로 전 부처에 시달하고, 아울러 공직자 교육과정에 정책수립 역량 강화를 필수 과정으로 편성해야 한다.

"아니면 말고"식의 사고방식

정부는 개혁과제 추진 전략에 심혈을 기울여야 한다. 그동안 경험을 보면 정책 내용에 대해서는 고위직까지 참여하여 토론과 회의 등을 통해 열심히 수정 및 보완하지만 추진 전략에 대해서는 실무자에게 맡기는 등 관심이 적다. 정책 내용이 아무리 좋아도 국민이 납득 못하면 소용이 없다. 현재 대부분의 개혁이 성과를 나타내지

못하는 이유는 개혁 내용이 잘못된 것이 아니라 추진 전략이 미진하기 때문이다. 위에서 언급한 교육부의 '초등학교 입학연령 인하' 대책도 사전 여론 형성 등 준비 작업이 없는 상태에서 불쑥 제기하다 보니 어린이집 교사 등의 반발로 무산되었다. 앞으로는 대통령실, 국무총리실, 장·차관 등 고위직부터 치밀한 추진 전략 수립에 역점을 두어야 한다. '아니면 말고.' 식의 개혁이 더는 반복되어서는 안 된다.

8-4 공무원을 춤추게 하라

과거에 비해 정부의 역할이 축소되고 민간의 비중이 커졌다고 하지만 여전히 공무원의 역할은 막중하다. 정부와 공기업 등 공공부문은 GDP의 30%가 넘는 재원을 쓰고, 수많은 법령을 통해 국민 생활과 관련된 제도와 규칙을 정하고 있다. 세제 변경, 각종 규제 정책으로 경기가 변화하고 개인의 재산 가치가 달라진다. 최저임금제, 중대 재해법 등으로 기업의 경영여건이 달라진다. 우리나라가 그동안 세계가 부러워하는 경제 성장을 이룩한 데에는 근로자와 기업의 역할이 컸지만, 관련 정책을 추진한 공무원의 역할 또한 부인할 수 없다.

뚝 떨어진 공직사회 사기

그런데 최근 공직사회의 분위기를 보면 사기와 근무 기강 모두 떨어져 그야말로 축 늘어진 상태인 것 같다. 중요 정책은 대부분 대통령 선거 공약이라는 명분 아래 대통령실이나 정치권에서 결정하고 담당 부처 공무원들은 그저 시키는 대로 하라고 한다. 정책 입안에 있어서 공무원보다는 시민 단체나 대학교수 등이 더 큰 발언권을 행사하고 있다. 과거 정부 정책 추진을 열심히 한 공무원이 적폐 세력으로 몰려 불이익을 받는 사례도 많다. 문재인 정부 시절 박근혜 정부에서 역사 국정교과서 추진을 담당한 공무원은 좌천당했다. 업계와 유착 관계를 없앤다고 퇴직 후 관련 분야 취업도 제한하고 있다. 열심히 일해서 승진하고 출세하겠다는 공무원은 줄어들고 '가늘고 길게' 편하게 지내겠다는 공무원이 늘고 있다. 일 많은 중요 직책보다는 편한 해외 근무나 유학 등을 선호한다. 과거 행시 합격자들이 선호하던 기획재정부나 산업자원부에서는 유능한 젊은 서기관, 사무관들이 대거 민간기업으로 이직하고 있다. 기업보다 상대적으로 열악한 처우, 경직적인 조직문화, 미래 비전 결여 등이 중요 요인이다.

공직 생산성에 대한 사회적 무관심

공무원이 미래를 대비하여 능동적으로 정책을 개발해야 할 텐데 사기가 떨어지고 위에서 시키는 일만 소극적으로 하는 것은 국가 발전에 큰 걸림돌이다. 그런데 더 큰 문제는 이와 같은 공직사회 분위기에 대해 문제의식이 별로 없는 것이다. 그동안 소득주도성장 명분으로 공무원은 증원하고 복지예산 증대 등으로 재정 규모는 커졌는데 공무원의 생산성을 높이자는 이야기는 없다. 공무원 사기진작을 거론하는 이유는 공무원 집단 이기주의를 편드는 것이 아니라 공직의 생산성을 위해서이다. 4차 산업혁명 준비, 복지정책, 인구대책 등 모든 것의 핵심 추진 주체는 공무원이다. 그들이 얼마나 사명감을 가지고 열심히 하느냐에 따라 결과는 엄청나게 달라질 것이다. 공무원이 예산을 낭비하고 비효율적인 규제를 강화하면 그 폐해는 고스란히 국민에게 돌아간다.

소신껏 일할 수 있는 여건 조성

　공무원이 열심히 일할 수 있도록 근본적인 대책을 수립하여 추진해야 한다. 모든 정부는 각각의 국정 철학을 가지고 정책을 추진한다. 공무원이 그런 정책을 실무적으로 뒷받침하였다고 다음 정부가 불이익을 주면 누가 일하겠는가? 과거 정부가 노동개혁, 원전 건설 등을 추진하였는데 이것이 적폐이고 담당 공무원들이 책임질 일인가? 현 정부의 국정 철학과 다른 정책을 추진하였다고 불이익을 주는 일은 지양해야 한다. 감사원의 감사 중점도 바뀌어야 한다. '인허가를 왜 해주었는가?' 등 각종 인허가 과정의 잘못을 찾는 데 중점을 두기보다 '인허가를 왜 안 해주었는가?'로 바뀌어야 한다. 그래야 적극적인 행정으로 변할 것이다.

실질적인 인사권은 각부 장관에게

　그동안 인사검증이란 명분으로 부처의 국장급 이상 간부, 각종 공기업, 투자 기관, 출연기관 임원들 인사까지 대통령실이 영향력을 행사했다. 공무원이나 공기업 임직원이 직속 상사에게 인정받으면 승진해야 하는데 대통령실이나 정치권의 눈치도 봐야 한다면 일을 제대로 할 수 있겠는가? 일보다는 외부에 줄 대는 데 열중할 것이다. 기관장의 인사권이 확립되어야 기강이 바로 선다.

공무원 처우 개선하고 취업 제한도 신축적으로

공무원 중에는 우수하고 전문성이 뛰어난 인재들이 많다. 공무원 취업 제한 제도의 취지는 이해하지만, 현직 공무원의 사기 앙양과 인재 활용 면에서 운영의 지혜를 발휘해야 한다. 미국의 경우는 무조건적인 취업 제한이 아니라 일정한 행위 제한을 한다. 처우도 개선해야 한다. 최근 정부에서 퇴직한 50대 중반의 전직 차관의 경우에는 취업 제한으로 그 흔한(?) 사외이사도 못 해보고, 나이도 61세 미만이라서 연금 지급 대상도 아니어서 경제적으로 어려움이 많다고 한다. 기재부, 산자부 등 서기관, 사무관들의 사기업 이직이 늘어나고 있다. 봉급 등 근무여건이 더 좋기 때문이다. 후배 공무원들이 이것을 볼 때 어떻게 생각할 것인가? 공무원의 숫자는 줄이고 일의 중요성이나 전문성에 따라 인센티브를 지급하는 제도를 강화해야 한다.

공무원이 복지부동하면 국민이 고달프다. 경제가 활성화되고 국민이 편해지려면 공무원이 사명감을 가지고 일할 수 있게 해야 한다. 고래도 칭찬하면 춤을 춘다.

8-5 규제개혁보다 중요한 행정의 신속성

경제활동 저해하는 늑장 행정절차

 기업이 왕성하게 기업 활동을 해야 경제 성장도 되고 일자리도 늘어난다. 기업은 인력과 자본의 제약이 있으므로 한 번에 여러 가지 사업을 추진하기는 쉽지 않다. 한 사업이 완료되어야 다른 사업을 시작한다. 아파트를 짓는 건설회사의 예를 보자. 1000억 원 정도의 투자금으로 아파트 사업을 할 경우, 기존에 추진한 아파트의 분양이 완료되어야 다른 아파트 건설을 시작할 것이다. 추진 중인 아파트 건설 절차가 지연될 경우 지연된 기간 만큼 다른 사업을 못 하게 된다. 만일 행정절차 등이 신속하게 진행되어 3년 만에 아파트 분양이 완료되면 10년에 3회 정도 아파트 분양사업을 할 수 있다. 반면 행정절차가 지연되어 5년이 걸리면 10년에 2회밖에 못할 것이다. 행정절차가 지연되면 그만큼 경제활동이 위축된다.

핵심은 절차의 완료 시기

기업의 입장에서 시간은 돈이다. 은행에서 돈을 빌려 토지를 매입하고 아파트를 건설하는데, 분양이 늦어지면 그만큼 대출 이자가 늘어난다. 그런데 공무원이나 정치인들은 행정의 신속성에 대해 크게 신경 쓰지 않는다. 뇌물 받지 않고 공정하게만 처리하면 된다고 생각한다. 민원서류 처리 기간 내에만 하면 된다고 생각한다. 처리 기한이 지나더라도 엄중한 처벌을 받지도 않는다. 오히려 민원서류 처리를 지연시켜 뇌물을 유도하는 악덕 공무원도 있다. 행정처리가 빨라지지 않는다면 아무리 규제 완화를 해도 국민은 체감하지 못한다. 어떤 사업을 하는 데 필요한 인허가 절차를 10개에서 5개로 줄였더라도 5개를 처리하는 기간이 이전과 같다면 효과적이라고 볼 수 없다. 정말 중요한 것은 모든 절차가 완료되는 시기이다. 서류 한두 개 더 제출하더라도 빨리만 처리되면 그것이 국민과 기업에 도움이 된다.

민원처리 기간을 절반으로 줄여야 한다

경제 활성화를 위해 행정의 신속성에 최대한 역점을 두어야 한다. 우선 각종 민원서류 처리 등 행정절차 처리 기간을 1/2 이하로 줄여야 한다. 민원서류는 대부분 민원처리 기간이 있다. 그런데 이 기간은 실제 소요된 기간보다 넉넉하게 산정되어 있다. 예컨대 지자체가 중앙부처에 법령위배 여부 질의를 할 경우, 그것을 검토하는 시간은 실제 1시간도 안 걸리지만 일이 밀릴 것을 감안해서 민원처리 기간을 3일 정도로 산정한다. 담당 공무원이 일을 미룬다고 없어질 일도 아니다.

행정 서비스 중심은 국민이어야 한다

행정처리 기간을 대폭 줄이라고 하면 현직의 공무원들은 '지금도 인원 대비 일이 많아 제때 처리를 못 하는데 어떻게 하라는 것인가?' 하고 문제를 제기할 것이다. 하지만 행정 서비스 인식을 공급자인 공무원 위주에서 수요자인 국민 위주로 바꾸면 가능하다고 본다. 즉, 수요자인 국민에게 최적의 서비스를 하는 것을 최우선 과제로 하여 공무원의 일하는 시스템을 혁신해야 한다. 어떤 민원을 처리하는 데 물리적으로 걸리는 시간이 1시간 이내라면 늦어도 1일 안에 처리하는 것을 목표로 행정을 혁신해야 한다. 일 처리가 늦어지는 원인을 분석하여 업무 위임을 과감히 하고 타당성 없는 규제는 없애며, 업무 배분도 조정하는 등 필요한 혁신을 해야 할 것이다. 차제에 정부의 일하는 시스템에 대해 전반적인 재검토가 필요하다고 본다.

국회와 법원의 늑장 처리 심각하다

　행정 신속성에 걸림돌 중의 하나가 국회이다. 민주화 이후 국회의 영향력이 행정부보다 더 커졌다. 과거에는 정부가 정책을 발표하면 별 차질 없이 국회에서 관련 법률이 신속히 통과되었다. 그러나 이제는 국회에서 오랫동안 지체되는 경우가 많다. 국회가 정책을 신중히 심의하는 것은 바람직하지만 여야 간 이견이 없는 법률도 각종 정쟁으로 발목 잡는 일은 지양해야 한다.
　이를 위해 각종 법안의 법사위 심의 제도를 없애야 한다. 법체계 유지 등을 이유로 모든 법률의 법사위 심의를 의무화하고 있으나 현실은 정쟁의 수단으로 법사위 심의를 지연시키는 경우가 너무 많다.

　특히 법원의 재판 지연은 심각한 문제이다. 재판이 수년간 지연되는 경우가 많아서 관련 기업이나 개인의 피해가 막심하다. 위안부 관련 자금 횡령 등으로 기소된 윤미향 의원의 경우, 아직도 재판이 진행 중이어서 아마도 최종 판결이 나기 전에 국회의원 임기를 마칠 것 같다. **각종 재판의 권장 처리 기간을 정하고 이를 위배한 사건의 목록과 지연 사유를 매년 밝히도록 해야 한다.**
　'재판 지연을 막기 위한 종합대책'을 시급히 추진해야 한다. 그동안 사법부는 제대로 개혁을 한 적이 없다. 수요자인 국민의 입장에서 서비스 개선이 시급하다.

　행정의 신속성은 돈 안 들이고 일자리를 늘리는 방안이다. 행정

처리 속도가 2배 빨라지면 경제활동은 2배만큼 늘어날 것이다. 그동안 어느 정부도 행정의 신속성을 강조하지는 않았다. 기업의 입장에서는 뇌물 받는 공무원보다 일 처리 늦게 하는 공무원이 더 무섭다는 점을 정부는 인식해야 한다.

8-6 방치된 세종시 공무원 비효율

행정능률의 중요성은 커지고 있는데 중앙부처의 핵심이라 할 수 있는 세종시 공무원의 행정능률은 개선되기는커녕 점점 나빠지고 있다.

길에서 시간 보내는 세종시 공무원

세종시에는 국무총리실을 비롯하여 기획재정부 등 대부분의 경제 부처가 있다. 문제는 잦은 서울 출장으로 세종시 공무원들의 업무 효율성이 크게 떨어진다는 점이다. 경제부총리를 비롯한 주요 경제 부처 장관의 경우 세종시를 방문(?)하는 일이 일주일에 1~2일에 불과하다. 차관과 실장, 국장들도 장관 보고, 각종 회의, 국회 참석 등으로 세종시 근무 일수가 50%가 안 된다고 한다. 세종시에서 서울로 출장 와서 다시 복귀하려면 교통 시간만 5시간 정도 소요된다. 예컨대 서울에 있는 장관에게 30분 대면보고를 할 경우, 세종시 공무원들은 그 보고 하나를 하고 나면 사실상 하루 업무가 종료된다. 서울에 머물 때도 오전에 장관에게 보고하고 오후에 국회에 들르게 되면 남은 시간을 제대로 활용하기 어렵다. 자투리 시간에 스마트폰 등으로 급한 일을 하겠지만 일이 집중될 리 만무하다.

근무 기강도 떨어지고 정책결정도 늦어지고

　사무관 이하 실무진들은 서울 출장은 적지만 근무가 제대로 될 리 없다. 상급자가 없는 경우 근무 분위기는 느슨하기 마련이다. 일주일에 절반 이상 국장급 이상의 간부가 자리를 비우는데 근무 기강이 제대로 서겠는가? 이런 환경에서는 정책의 품질과 속도도 떨어질 수밖에 없다. 각종 정책수립을 할 때도 모여서 심층 토론하기가 어려운 까닭에 전화나 이메일로 대충 결론짓는 경우가 많을 것이다. 또한, 잦은 출장으로 몸이 고달프다 보면 심사숙고해야 할 일도 적당히 결정할 가능성이 크다. 대면, 심층 토론으로 후배 공무원들이 능력 향상을 할 기회도 별로 없다. 또 장관 등 간부들에게 보고하고 결재받는 데에 시간이 걸리므로 정책결정도 그만큼 늦어질 것이다. 세종시 비능률은 시급히 개선되어야 한다. 국장급 이상 간부급 공무원이 자기 사무실에 절반도 근무 못 하는 비정상 상태를 언제까지 보고만 있을 것인가? 최근 국무회의를 영상회의로 하는 것 이외에 특별한 조치가 없는 것을 보면 세종시 비능률 문제의 심각성을 아직도 인식 못 하는 것 같아 걱정된다.

세종시 공무원, 주 3일은 서울로 부르지 말라

　세종시 비능률 제거를 위한 근본적이고 종합적인 대책이 필요하다. 세종시 국회 분원 설치, 상임위 세종시 개최 등 많은 방안이 거론되고 있는데 조속히 결론을 내야 할 것이다. 따라서 단기적으로 실현 가능한 방안부터 추진해야 한다. 가장 현실적인 방안은 서울 출장 수요를 획기적으로 줄이는 것이다. 세종시 공무원들이 서울로 출장 오는 가장 큰 이유는 국회이고, 그다음이 관련 업체 면담, 대통령실 협의 등이라고 한다. 민간기업과의 회의 등은 조정이 가능하다. 그러나 대통령실과 국회가 부르면 안 갈 수가 없다. 국회나 대통령실이 자신들의 편의를 위해 시시때때로 세종시 공무원을 호출하지 못하도록 하는 억제 장치가 필요하다. 예컨대 세종시 공무원들이 일주일에 3일 동안이라도 몰입하여 일할 수 있도록 '화·수·목요일에는 세종시 공무원들을 절대로 서울로 부르지 않도록 하고 각종 회의나 면담 등은 월요일과 금요일로 제한하자.' 이것이 철저히 이행되도록 국무총리, 국회의장, 대통령 비서실장이 함께 모여서 월요일과 금요일 외에는 세종시 공무원을 부르지 않겠다고 공개적으로 선언해야 한다.

우리나라 핵심부처의 행정 비능률이 극심한데 경제 활성화나 개혁이 제대로 될 리 없다. 정부 핵심부처의 생산성이 50% 정도 떨어졌다. 세종시 비능률을 개선하는 데는 큰돈이 들지 않는다. 세종시 공무원의 갑(甲) 역할을 하는 대통령실이나 국회가 약간의 불편만 감수하면 상당 부분 해결이 가능한 문제다. 대통령실과 국회의 협조가 문제 해결의 핵심이다. 거창하고 어려운 개혁을 말하기에 앞서 심각한 행정 비능률부터 개선해야 한다.

8-7 주요 법안, 정책에 발의자 이름 붙이자

정부나 공기업은 민간기업보다 일반적으로 업무 효율성이 떨어진다. 그 이유 중의 하나가 민간기업과 달리 업무평가가 쉽지 않아 상과 벌이 분명하지 않기 때문이다. 기획재정부 장관의 업무평가를 어떻게 할 것인가? 경제 성장률이 높고 물가상승률이 낮으면 기재부 장관이 잘한 것인가? 세계경제가 좋고 원유 가격이 하락하면 경제지표가 좋아질 것이다. 한국은행의 통화 정책과 다른 경제 부처의 정책에 따라 경제는 영향을 받을 것이다. 이처럼 공공부문에서는 상벌이 분명치 않은 까닭에 업무의 책임성도 떨어진다. 열심히 해도 인센티브가 없고 적당히 해도 처벌이 없다면 누가 열심히 하겠는가? 공직자의 책임성을 높이는 것은 국회 입법에서도 필요하다.

국민이 알아야 칭찬도 비판도 가능하다

요즘 포퓰리즘적 국회 입법이 많아지고 있다. 향후 국가 경제에 부정적인 영향을 미칠 법안 등이 국회에서 많이 추진되고 있는데 이를 효과적으로 막을 방법이 없다. 포퓰리즘 입법으로 당장 국민의 인기를 얻고 몇 년 후 부작용이 나도 국민이 누가 그런 입법을 했는지 잘 몰라서 비판을 안 하는 것이 현실이다. 반대로 당장에는 인기가 없더라도 미래를 위해 법안을 만들었는데 국민이 알아주지 않는다면 누가 좋은 법안을 만들겠는가?

발의자의 이름을 붙이자

　공직자의 책임성을 높이는 효율적인 방안의 하나는 주요 법안이나 시책 등에 발의자의 이름을 붙여주는 것이다. 즉 어떤 법안에 공식 명칭 외에 발의자의 이름을 따서 '홍길동 법'하는 식으로 부르자는 얘기다. 미국의 경우는 대부분 법을 제안 의원의 이름을 따서 부른다. 법뿐만 아니라 중요 정책들도 제안 또는 추진한 사람의 이름을 붙인다. 노동관계법인 '와그너 법', 제2차 세계대전 후 유럽 지원 시책인 '마샬플랜', 다자간 협상 모임인 '케네디 라운드' 등이 그 예다. 우리나라에도 예가 있다. 선거법 개정으로 선거에서 돈 쓰기가 어려워졌는데, 이와 같은 선거법 협상을 주도한 사람이 오세훈 서울특별시장이었다. 언론에서는 그 법을 '오세훈 법'이라고 부른다. 법안 등에 발의자 이름을 붙이면 향후 자기 명예를 의식해서 정책을 책임 있게 추진할 것이다. 예컨대 최근 논란이 일고 있는 전·월세 가격 규제법의 경우 그 법의 제안자 이름을 따 '홍길동 법'이라 하자. 제안자는 그 법의 효과에 따라 수년 후에도 칭찬 또는 비판을 받을 것이다. 그만큼 국회 입법의 책임의식도 높아질 것이다. 최근 국회 본회의에서 법안 표결 시 기명투표를 한 결과 국회의원의 찬성, 반대 표시가 훨씬 신중해졌다고 한다.

과거 필자가 정부에서 경제백서를 발간할 때의 경험이다. 경제백서 집필에 많은 전문가가 참여한다. 보통은 책 끝부분에 모든 집필자 이름을 수록했는데, 이를 개선해서 각 분야 끝에 집필자의 이름을 수록해서 누가 그 글을 썼는지 독자가 쉽게 알도록 했더니 훨씬 책임감 있게 쓴 것을 볼 수 있었다. 주요 정책에 발의자 이름을 명기하는 방법은 언론기관이 중요 법안이나 제도 추진 시 핵심적인 역할을 한 사람 이름을 거론하는 방식으로 국민에게 알리면 될 것이다. 언론기관들이 구체적인 방법을 협의해서 보도 준칙을 만들고 일관성 있게 보도하면 정착될 것이다. 입법 활동뿐만 아니라 행정부 내의 주요 시책도 같은 방식으로 할 수 있을 것이다.

국무회의 발언 내용도 공개해야

공직자의 책임성을 높이기 위해서는 중요한 의사결정 과정도 투명하게 밝혀야 한다. 예를 들어 국무회의에 참석한 장관들의 발언 내용을 일정 기간 후 공개하는 것이다. 만일 1980년 5·17 이후 계엄령을 선포하고 국보위를 설치하는 안을 의결한 국무회의의 발언록을 공개한다면 그 자리에 참석했던 장관들에 대한 평가는 어떻게 내려질 것인가? 또 현재의 공직자들은 어떻게 생각할까? 지금보다 훨씬 역사적 책임감을 느낄 것이다. 사람은 누구나 자기 이름을 소중히 여긴다. 정책의 투명성 제고가 정책의 품질을 높인다.

8-8 고령화 시대, 시급한 지방 행정조직 개편

그동안 경제발전에 따른 도시화와 급속한 고령화로 인하여 농·어촌과 중소 도시의 인구가 감소하고 있다. 그런데도 각종 지방 행정조직들은 오히려 늘어나서 예산 낭비 요인이 되고 있다. 20년 전에는 인구 10만 명 이상의 군(郡)이 많았는데 그와 같은 군의 직원은 300~500명에 불과했다. 그러나 오늘날에는 군 인구가 5만 명 내외로 줄어들었는데도 군 공무원 수는 오히려 늘어났다.

인구는 줄었는데 지방 행정조직은 왜 그대로인가?

2022년 전국 82개 군 중 인구 5만 명 이하 군은 50개이고, 그중 인구 3만 명 이하의 군도 18개나 된다. 대도시의 주민이 많은 동 인구와 비슷한 규모이다. 인구가 과소한 군으로 인한 행정 낭비는 크다. 예컨대 2022년 강원도 화천군의 경우 인구가 24,195명인데, 군 직원은 497명이고 예산은 3,828억 원이다. 참고로 경기도 안양시의 경우 인구 547,178명에 직원은 2,017명이고 예산은 1조 5640억 원이다. 자체 재원으로 인건비도 조달하지 못한 기초자치단체가 30%나 된다. 인구 감소에도 불구하고 각종 주민 편의시설은 군 단위별로 설치되어 낭비되고 있다. 예컨대 인구 3만 명 미만의 군마다 경찰서가 있고, 아울러 종합운동장, 각종 회관이 설치되어 있다. 또 교육청, 세무서 등의 각종 행정기관도 2~3개 군별로 설치되어 있다.

지방 행정조직의 과감한 통합

　인구 과소한 지방 행정조직은 규모의 경제면에서도 비효율적이다. 공장이나 병원, 문화시설 등을 유치해도 경제성 부족으로 금세 어려워진다. 앞으로 저출산으로 인한 지방 인구의 감소는 가속될 전망이다. 고용정보원은 전국 228개 시군구의 절반인 113곳이 소멸할 것으로 전망하였다. 인구가 과소한 지방 행정조직은 통합해야 한다. 우선 인구 3만 명 이하의 군부터 통합해야 한다. 통합하면 막대한 예산을 절약할 수 있다.

　각 군 단위별로 중복된 조직을 통합 운영하면 인건비를 줄일 수 있고, 각종 시설의 건설비와 운영비를 절약할 수 있을 것이다. 통합하면 규모의 경제가 생겨서 기업유치나 지역 발전 시책을 추진하는 데에도 유리할 것이다. 나아가 현재 광역자치단체(시·도)와 기초자치단체(시·군) 등 2단계 구조로 되어 있는 지방 행정조직도 1단계로 통합해야 한다. 정보 통신과 교통이 발달한 여건 속에서 굳이 2단계 구조를 유지할 필요가 없다.

　방만한 재정지출 억제도 시급하다. 대부분 군은 자체 수입으로 인건비 등 행정 경비조차 부담하지 못한다. 내국세의 19%인 지방교부세와 중앙 정부 보조금이 주 수입원이다. 지방의회의 견제기능도 미약하고 자주 재원도 없어 포퓰리즘적 지출이 많다. 예컨대 김제시의 경우 2022년 추석 때 8만1천 명 전 주민에게 100만 원씩 총 810억 원을 지급하였다. 자체 수입은 869억 원에 불과한데 지방교부세가 무려 3914억 원이나 된다.

2025년이면 노인 인구가 전체 인구의 20%를 넘어선다. 일본의 예에서 볼 때 고령화가 진행될수록 지방의 인구 감소로 인한 문제는 더욱 심각해질 것이므로 미리 대비해야 한다. 지방 조직, 재정 지원제도에 대한 전면적인 개편이 필요하다.

8-9 제왕적 대통령 폐해 막으려면 대통령 인사권 제한해야

대통령제를 택하고 있는 우리나라는 대통령의 권한이 너무 막대하다. 경제, 복지, 안보 등 모든 국정 운영을 청와대가 주도하고 있다. 행정부뿐만 아니라 입법부, 사법부까지 영향력이 미치고 있다. 나라의 운명이 대통령 한 사람에게 달려있다고 해도 과언이 아니다.

대통령의 힘은 인사권에서 나와

대통령 권력의 핵심은 인사권이다. 각 부처의 국장급 이상 고위 공무원, 공기업, 정부 관련 각종 공공기관 간부들의 인사를 사실상 청와대가 주도하고 있다. 대통령을 둘러싼 각종 비리가 끊이지 않는 이유도 대통령의 권한이 너무 막강해서 각종 이권과 인사 청탁 등의 로비가 대통령실에 집중되고 있기 때문이다. 제왕적 대통령의 폐해를 줄이기 위해서는 대통령이 가진 무소불위의 권한을 제한해야 한다.

내각책임제 또는 이원집정부제로의 개헌

그동안 유력한 대안으로 내각책임제와 이원집정부제가 제시되었다.

내각책임제는 제왕적 대통령의 폐해를 막는 데는 효과적이다. 그러나 이를 위해서는 개헌이 필요한데 국회의원에 대한 불신이 커서 아직 국민적 지지도 낮다. 또 정치권의 타협 문화가 정착되지 않는 현실에서 국정이 정쟁으로 장기간 표류할 가능성도 크다. 따라서 내각제 개헌에 대한 국민적 공감대를 단기간에 형성하는 일은 쉽지 않다고 생각된다.

흔히 거론되는 이원집정부제는 대통령은 국민 직선으로 선출하되 외교, 국방, 통일 등 외치를 담당하고 국무총리는 국회에서 선출하여 경제, 복지, 교육, 국토계획 등 내치를 담당하는 것으로 되어 있다. 현실적으로 국민 직선으로 선출되는 대통령이 국민 생활에 영향력도 적고 실권도 적은 외치를 담당하면 누가 직선 대통령을 하겠는가? 이원집정부제에서 대통령 후보자는 경제, 복지, 교육, 지역개발 등에 대해서 아무 공약도 못 하는데 그런 대통령 선거가 무슨 의미가 있겠는가? 또 국민이 선출하지 않는 국무총리가 더 큰 권한을 갖는 것이 정당한 것인지도 논란거리이다. 이원집정부제는 타당성도 미약하고 외국에 선례도 없는 제도이다.

청와대 인사권 독점의 폐해

개헌을 안 하고도 제왕적 대통령의 폐해를 막을 수 있는 현실적인 방안은 대통령의 인사권을 제한하는 것이다. 청와대 인사권 독점의 폐해는 대단히 크다. 고위 공무원이나 공기업 임원들은 자기 기관장보다 대통령실 로비에 더 신경을 쓴다. 장관의 영(令)이 설 리가 없다. 최근 각종 중요 정책 결정에서 대통령실이 독주하는 것도 인사권과 연관이 크다. 과거 취임한 지 몇 개월도 안 된 대통령실 행정관이 육군 참모총장을 카페에서 만나서 장군 인사를 협의했다고 하여 문제가 된 적이 있다. 이런 상황에서 장군들이 대통령실 행정관을 무시할 수 있겠는가? 대통령실의 힘을 단적으로 나타내는 예이다

인사권만 제한해도 분위기는 확 바뀐다

대통령은 국정 수행에 필요한 핵심 보직만 직접 임명하고 기타 인사는 국무총리와 각 부 장관에게 맡겨야 한다. 각 부처 장관, 차관, 검찰총장, 국세청장 등 차관급 이상 청장과 중요 정부 산하 기관장, LH공사 사장 등 중요 공기업 사장, 기타 대통령의 정책 추진에 필요한 보직은 대통령이 직접 임명한다. 그러나 각 부처의 1급 이하 공무원의 승진, 전보 등의 인사와 각 부처 산하 공공기관의 인사, 감독 권한은 국무총리와 각 부 장관에게 맡겨야 한다. 대

통령실이 각 부처 공무원들의 능력을 장관보다 잘 알 리 없다. 각 부처의 국장 등 간부는 장관이 각자 능력을 잘 파악하고 있어서 적재적소의 인사를 할 수 있고, 그래야 장관도 책임 행정을 할 수 있다. 대통령실의 검사장 인사도 제한해야 한다. 검찰총장이 자기 부하 직원의 인사에 대해 대통령 비서관에게 물어보는 것이 합당한 일인가? 검사들이 청와대 눈치를 볼 수밖에 없는 현실에서 공정한 수사, 살아 있는 권력에 대한 수사가 가능하겠는가? 국가공무원의 인사권이 대통령에 있다는 것은 법적 임명권자가 대통령이라는 것이지 대통령이 모든 인사를 하라는 것은 아니다.

인사 직권 남용은 탄핵 사유로 명시해야

인사혁신을 실효성 있게 하려면 제도 개선이 뒷받침되어야 한다. 대통령이 직접 임명할 보직과 국무총리나 장관이 임명할 보직을 법률로 정한다. 국무총리나 장관이 임명할 보직에 대해서는 원칙적으로 대통령실 사전 보고나 승인을 받지 않도록 해야 한다. 청와대가 어떤 형태로든 이를 위반하면 직권 남용으로 엄중하게 처벌하고 대통령 탄핵 사유에도 해당한다는 것을 법률에 명시해야 한다.

대통령실이 각 부처 국·실장 인사에 개입하지 않으면 국정 운영의 효율성은 더 높아질 것이다. 현실적으로 대통령의 인사권은 대통령실 비서관들이 좌지우지한다고 해도 과언이 아니다. 국정 운영의 책임은 장관이 지는데 인사 권한은 대통령실 비서관이 행사하는 것은 타당하지 않다. 대통령의 인사권을 제한하면 비서관들의 권력 남용과 로비도 줄고 제왕적 대통령제의 폐해 또한 감소할 것이다. 반면에 각 부처의 역할이 활성화되고 장관들은 소신껏 책임 행정을 펼칠 수 있게 될 것이다.

8-10 국회 포퓰리즘 막을 제도적 장치

민주화 이후 국정 운영의 힘이 행정부에서 국회로 이전되고 있다. 과거에는 행정부가 어떤 정책을 발표하면 대부분 국회에서 그대로 통과되었다. 그러나 오늘날은 행정부가 발표한 정책이 국회에서 통과되지 않는 경우가 많다. 최근 입법 동향을 보아도 국회의 영향력이 커졌음을 알 수 있다. 과거에는 정부 제안 입법이 대부분이었으나 최근에는 의원 제안 입법 비중이 늘어나고 있다. 물론 행정부를 감시, 견제한다는 점에서 국회의 역할은 중요하다. 또 국민의 의사를 선출직인 국회의원이 더 잘 반영한다는 점에서도 긍정적이다. 그러나 포퓰리즘 정책이 많이 나오는 것은 우려할 만한 일이다.

무너지는 재정 규율

국회의 역할이 커짐에 따라 재정의 규율과 효율성이 떨어지고 있다. 우리나라는 국가 신용도에서 세계 최상위 수준을 유지하고 있다. 그 이유 중의 하나는 재정이 건전하기 때문이다. OECD 국가의 평균 국가부채비율이 100%를 넘어서는데 우리나라는 50% 수준이다. 이같이 재정 건전성이 유지될 수 있었던 것은 과거 행정부 우위 시대에 표를 의식한 방만한 예산 편성을 억제할 수 있었기 때문이다. 행정부의 예산 편성 작업은 국회의 예산 심의 과정보다 합리적이다. 예산실 공무원들은 특정 유권자를 의식할 필요가 없으므로 국가 전체적인 관점에서 예산을 편성한다. 국회의원은 자기 지역구와 지지계층의 이익에 중점을 둔다. 국회가 행정부를 견제한다고 하나 실제로 국회 예산 심의 시 삭감 의견은 별로 없다. 대부분 예산 증액 요구다. 자기 지역구 사업이나 관련 상임위 사업에 대한 증액이다.

저질 입법

 의원 제안 법률은 법률심의 절차가 부실해서 저질 입법이 우려된다. 정부 입법은 차관회의와 국무회의 심의를 거친다. 이 과정에서 각계의 의견이 수렴된다. 예컨대 환경부에서 환경보존 규제를 강화하려면 산업통상자원부에서는 그 법령이 관련 산업에 미치는 영향을 분석해 문제점을 제기한다. 또 규제 관련 모든 법령은 규제개혁심의회를 거치고 법체계 등에 대해서는 법제처 심의를 받는다. 이에 비해 의원 제안 입법절차는 많은 부분이 생략되어 있다. 예컨대, 환경 관련 규제 법안은 소관 상임위와 법제사법위원회의 법률심의를 거친 후 본회의에서 의결하면 끝난다. 안건에 따라 다른 상임위원회의 의견 조회를 하지만 형식에 그칠 뿐이다. 예산이 소요되는 법률에 대해서 예결위는 정부의 예산실과 같은 견제기능을 전혀 하지 못한다. 아울러 국회에는 정부의 규제개혁심의회 같은 기구도 없다.

국회 역할 정상화를 위한 대안

국회의 역할이 커짐에 따라 국정 운영이 부실화될 가능성을 최소화하기 위한 몇 가지 대안을 예시적으로 제시한다.

첫째, 재정준칙을 제정해야 한다. 재정 건전성 유지를 위해서 재정적자를 일정 수준 이하로 규제하는 등 국회의 재정지출 남발을 막아야 한다.

둘째, 의원입법에도 규제개혁 심의 절차를 도입하여 과도한 규제가 남발되지 않도록 해야 한다.

셋째, 전체 국익을 위한 국회의원이 선출될 수 있는 선거 시스템이 필요하다. 현행 소선거구제에서는 지역 주민의 표를 의식하여 자기 지역의 도로, 공항 투자에 치중한다. 그러나 중·대선거구제 의원과 비례대표제 의원은 지역구 사업보다 국가적 과제에 더 큰 관심을 갖게 될 것이다. 따라서 중·대 선거구제 도입과 비례대표제 확대가 필요하다.

넷째, 의원입법 실명제를 도입하여 의원들의 책임 있는 입법 활동을 장려해야 한다. 중요 법률은 '홍길동 법'처럼 제안한 의원의 이름을 붙여서 국민의 평가를 받도록 해야 한다.

민주주의는 최선의 정치 제도라고 하지만 잘못 운영되면 포퓰리즘으로 흐르게 된다. 국회의원이 포퓰리즘 정책을 남발하지 않도록 감시하고 견제하는 것은 국민의 몫이다.

8-11 국회의원 수준 = 유권자 수준

많은 국민이 "국회의원은 모두 ○○놈인데 선거해야 소용 있나?", "괜찮은 사람도 국회 가면 똑같아진다."라고 한다. 국회의원은 각종 직업 중에서도 신뢰도가 꼴찌 수준이며 존경도 못 받는다.

그러나 국회의원이 비난받을 짓을 하는 이유는 명확하다. 그렇게 하는 것이 당선에 유리하기 때문이다.

내 쪽지예산도 비판해 줘!

해마다 예산 철이면 '쪽지예산'이라고 하여 힘 있는 의원들은 예산 결산 위원회 로비를 통해 자기 지역 예산을 확보한다. 이들 예산은 대부분 타당성이 없어 정부 예산안에 반영이 안 된 사업들이다. 재정의 우선순위를 왜곡시키는 면에서 비난받아 마땅하다. 언론에서는 '쪽지예산'을 챙긴 의원들 실명을 거론하며 비판한다. 그러나 비판받는 의원은 지역구에서는 큰일 했다고 칭찬받는다. 심지어 어떤 의원은 "나는 왜 쪽지예산 의원 명부에 없는가?"라고 항의한다.

최루탄 터뜨려도 재선돼

그동안 국회에서 의사 진행을 물리적으로 방해하는 몸싸움이 많았다. 수년 전 한미 FTA 표결 관련 본 회의장에서 전남의 김 모 의원이 몰래 가져온 최루탄을 터트렸다. 본 회의장은 아수라장이 되었다. 당연히 김 의원은 폭력 행위 등으로 기소되었다. 놀라운 일은 그 의원이 다음 선거에서도 공천을 받고 재선되었다는 것이다. 본회의장에서 최루탄을 터트린 의원을 선출한 국민이 국회 폭력을 비판할 수 있는가?

공천권으로 소신 누르기

조국 전 민정수석은 법무부장관 청문회 과정에서 많은 불법 또는 비도덕적 행동이 드러나 결국 사퇴하였다. 전형적인 '내로남불'이었다. 당시 민주당 금태섭 의원은 청문회 과정에서 여당 의원임에도 조국 전 장관에 대해 비판적인 발언을 많이 했다. 많은 국민이 소신 있는 의원이라고 칭찬했다. 하지만 국민의 칭찬을 받았던 금 의원은 그 후 민주당에서 공천을 받지 못했다. 반면 그 사태가 지난 지 몇 개월도 안 되어 공개적으로 조국을 옹호했던 열린 민주당 의원 후보는 당선되면 공수처를 발족시켜서 조국 수사를 담당했던 검찰 간부들을 조사하겠다고 주장했다. 이런 인물을 의원으로 선출하고서도 검찰개혁과 정의를 기대하는가?

국민 관심 외에는 답 없어

　모든 후보가 신통치 않아 보여도 기권하지 말고 더 나은 후보를 뽑도록 노력해야 한다. 유권자가 좋은 정치인을 선별하려면 평소 누가, 무슨 정책을 주장하는지 관심을 가져야 한다. 이를 위해 **국회의원 이름을 검색하면 재산, 발언, 국회 투표, 법안 제안 등 모든 활동이 일목요연하게 나오는 시스템을 만들어야 한다**.
　우리 정치를 한 단계 높이기 위해서는 유능하고 도덕적인 인사가 정치권에 많이 가야 한다. 그런데 현실은 괜찮은 사람이 정치권에 발을 들여놓으려고 하면 "왜 진흙탕에 가려고 하는가?"라며 말리는 경우가 많다. **훌륭한 사람이** 욕을 먹더라도 국가를 위해 봉사한다는 생각으로 **정치에 참여할 수 있도록 국민이 격려하는 사회 분위기**가 되어야 한다. 아울러 국회의원의 지나친 특권을 줄여야 한다. 특권이 많다 보니 특권에 눈이 먼 정치꾼이 몰려온다.

　정치인은 국가와 민족을 위해 사명감을 가지고 일해야 한다. 독일의 슈뢰더 수상은 정권을 잃을 위험을 무릅쓰고 개혁을 추진해서 독일 경제를 살렸다. 우리도 그런 정치인을 기대하지만, 현실적으로 흔한 일은 아니다. 국회의원은 유권자 수준이다. 유권자가 변해야 한다.

8-12 정의도 내로남불?

수년 전 하버드 대학 마이클 샌델 교수의 책 『정의란 무엇인가?』가 베스트셀러가 된 바 있다. 정의에 대한 우리 국민의 관심이 매우 크다는 것을 알 수 있다. '정의'의 의미는 사람에 따라 다르겠지만 일반 국민은 부당하게 차별받지 않고 노력과 기여도에 따라 합당한 대가를 받는 것이 정의라고 생각할 것이다.

때마다 달라지는 정의 원칙

지난 문재인 정부 시절 정의를 강조하는 시책이 많았다. 재벌 개혁, 친노조 정책, 적폐 청산, 인권 보호 등을 중점적으로 추진하였다. 정부 지출을 늘려서 복지지출도 확대하였다. 정의와 공정한 사회는 우리가 지향해야 할 중요한 과제이다. 그러나 현실에서는 표면상 정의를 내세우고 있지만, 곰곰이 생각해 보면 그것이 과연 정의인지 다시 한번 생각하게 하는 일이 많이 벌어지고 있다.

세월호 침몰로 수백 명이 사망했다. 희생자 중 대다수가 어린 고교생이어서 더욱 안타까운 사건이었다. 거국적으로 애도 분위기가 조성되고 유가족 보상, 진상 조사에 어느 사건보다도 많은 비용과 시간이 투입되었다. 시신 수습에만 1000억 원 이상이 투입되었다. 진실규명이란 명분으로 막대한 돈을 들여서 수차례 조사를 하였다. 매년 사고일에는 대통령을 포함한 수많은 정치인과 국민들이 애도하며 가슴에 노란 리본을 달고 다녔다. 한편 북한 만행으로 격침당한 천안함 순직 장병들은 어떤 대우를 받았는가? 세월호 희생자와 비교했을 때 천안함 순직 장병들은 보상, 예우 등에서 훨씬 적은 국민적 관심을 받았다. 문재인 정부 시절 영결식장에 정부 고위 인사의 참석도 거의 없었다. **수학여행 가다가 사고를 당한 학생들과 국토방위를 하다가 순직한 장병들 대우를 이렇게 차별하는 것이 정의인가?**

우리 편에게만 적용되는 선택적 정의

그동안 수많은 사람이 수사기관에 소환되면 그때마다 포토라인에 서서 망신을 당했다. 조국 전 민정수석비서관의 사건으로 그의 부인 정경심 교수가 검찰에 소환될 때 현 정부와 좌파 인사들은 피의자 인권문제를 제기하였다. 다른 사람들이 유죄가 확정되기 전에 포토라인에 서서 범법자인 것 같은 처우를 받을 때는 아무 소리를 안 하다가 자기편이 그런 처지에 놓이자 인권 운운하였다. 결국, 정경심 교수는 비공개 소환 등 특별대우를 받았다. 또 정부·여당이 최적의 인물이라고 임명한 검찰총장이 자기편을 수사하자

편파 수사라고 비판하면서 사법개혁을 주장한다. 인권 주장도 사람에 따라 달라지는가?

좌파 인사들은 이승만 대통령과 박정희 대통령에 대해 긍정적인 면은 평가 절하하고 부정적인 면만 강조하여 독재자 또는 친일파 등으로 폄훼한다. 경제 성장은 근로자 등 국민의 노력 덕이고 그들은 장기집권을 위해 인권을 탄압했다고 비난한다. 그러나 대부분의 좌파 인사들은 북한 독재자에 대해서는 침묵한다. 김씨 세습을 위해 수많은 사람을 죽이고 고모부까지 총살하는 독재 정권에 대해서는 비판이 없다. 역대 정권의 인권문제는 수십 년 전 사건까지 문제 삼으면서 북한의 인권에는 관심이 없다. 심지어 자유를 찾아 탈북한 사람에 대해서 배반자라고 비난하는 사람까지 있다.

소규모 학교 유지비가 생활고 겪는 취약계층 지원보다 중요한가?

국가 예산을 낭비 사용하면서 사회적 약자 지원을 소홀히 하는 것도 정의가 아니다. 우리나라는 자살률이 세계 1위이다. 특히 노인자살의 경우에는 원인의 대부분이 생활고이다. 정부는 재원 한계로 복지 지원을 확대하지 못하고 있다. 학생 수보다 교직원 수가 더 많은 지방 학교들도 있다. 이 경우 학생 1인당 교육비는 엄청나다. 그런데도 넘쳐나는 지방 교육재정교부금 제도를 고치려는 노력은 하지 않는다. 인구 3만 명도 안 되는 군이 전국에 18곳이나 있다. 군청 공무원만 평균 500명이 넘는다. 이들 비용을 절약해서 생활고로 인한 자살 방지에 쓰는 것이 더 정의로운 사회 아니겠는가?

정의를 욕보이는 내로남불식 정의

최저임금의 급격한 인상, 주 52시간 강행 등 현실을 무시한 정책으로 많은 저소득 근로자, 자영업자들의 생활이 더 어려워졌다. 각종 규제로 경제는 침체되어 청년실업은 늘어나고 있으며 계층 간 양극화는 더 심화되고 있다. 대기업 정규직 근로자 과보호로 대기업 근로자 임금과 하청기업 근로자 임금 격차도 더 벌어지고 있다. 사회적 약자를 더 어렵게 하는 것이 정의로운 시책인가? 이처럼 겉보기에는 정의로운 것 같지만 실질적으로는 정의롭지 못한 경우가 많다. 내로남불식 정의는 사회적 갈등을 초래하는 또 다른 적폐이다. 정의를 욕되게 하지 말아야 한다.

8-13 결선투표제 도입

우리나라 주요 선거 제도는 모두 최다 득표자가 당선된다. 후보자가 난립하여 최다 득표율이 30% 미만이라도 당선될 수 있다. 현행 제도에서 국민의 의사가 왜곡되는 대표적인 경우이다.

민의를 왜곡하는 선거제도

서울시 교육감의 경우 2022년 선거에서 조희연 현 교육감이 당선되었다. 선거 당시 보수 성향의 박선영, 조영달, 조전혁 세 후보가 출마하였다. 이들은 당초에 단일화를 시도했다가 실패하면서 세 후보 모두 출마하였다. 교육감 선거는 정당 공천도 없어서 보수 성향의 유권자 표가 세 후보에게 분산될 수밖에 없었다. 그 결과 세 후보의 합계 득표율은 53%임에도 불구하고 38%를 득표한 조희연 후보가 당선되었다. 이것은 분명히 대의민주주의 원리에 맞지 않는다. 이상한 선거 제도로 유권자 대부분은 보수 후보를 선호하는데도 진보 후보가 당선되었다.

제3당이 나올 수 없는 이유

현 제도에서는 내가 좋아하는 후보가 있어도 가장 싫어하는 후보가 당선될까봐 덜 싫어하는 후보를 지지하는 경우가 많다. 투표 결과가 민의를 제대로 반영하지 못하는 것이다. 최근 민주당과 국민의힘 등 여·야에 모두 실망하여 제3당을 기대하는 유권자가 많다. 그러나 현행 선거 제도에서는 제3당 후보를 투표하였다가 싫어하는 후보가 어부지리로 당선될까 봐 제3당 후보가 좋아도 그 사람에게 투표하지 못하는 유권자가 많다. 이런 불합리한 결과를 막기 위해서는 하루빨리 결선투표제를 도입해야 한다.

비용보다 정확한 민심 반영이 더 중요

1차 투표에서 50% 이상의 득표자가 없으면 득표 순위 1, 2위 후보만 참여하는 결선투표를 한다. 이렇게 되면 어부지리로 당선되는 후보가 나올 리 없다. 최근 국민의식 수준이 높아지고 IT 기술이 발달해서 결선투표를 한 번 더한다고 시간과 비용 면에서 큰 문제는 없을 것이다. 약간의 비용이 들더라도 민심을 정확히 반영하는 것이 중요하다. 대통령제를 도입한 많은 나라가 결선투표제를 실시하고 있다. 프랑스, 튀르키예, 아르헨티나 등이다.

8-14 국민에게 쓴소리하는 정치인 나와야

대통령 선거, 국회의원 선거, 지자체 선거 등 거의 매년 각종 선거가 있다. 선거 때만 되면 정치인들은 유권자 지지를 받기 위해 각종 공약을 쏟아내고 있다. 공약의 내용은 다르지만, 공통적인 특징이 있다. 모두 국민이 듣기 좋은 소리이고 쓴소리는 거의 없다. "의료 혜택을 확대한다.", "탈원전으로 전기 생산비용은 올라가는데 전기 요금은 안 올린다.", "선심성 사업을 남발하기 위해 예비타당성 조사를 면제한다." 등이다. 재원대책 없이 듣기 좋은 공약을 한다.

듣기 좋은 말만 하기엔 급박한 상황

현재 우리나라는 시급히 해결해야 할 과제가 많이 있다. 2022년 합계 출산율이 0.78명으로, 세계 최고의 저출산 국가이다. 이 추세로 가면 2050년경에는 노인 인구가 전체 인구의 40%가 된다. 국민연금은 2050년대 초반에 완전소진될 전망이다. 경제 양극화는 심화되고, 중산층은 줄어들고 있다. 이대로 가면 사회적 갈등은 심화되어 포퓰리즘적 정책은 더욱 기승을 부릴 것이다. 노동시장의 경직성, 기업규제 강화 등은 성장잠재력을 떨어뜨려서 일자리 부족 문제를 더욱 악화시키고 있다. 이들 과제를 해결하기 위해서는 각 분야 걸쳐 전반적인 개혁이 필요하다. 개혁에는 많은 사회적 갈등과 고통이 불가피하게 수반된다.

쓴소리가 필요한 이유

2050년 이후에도 국민연금이 지속적으로 유지되려면 당장 개혁을 해야 한다. 개혁 내용은 현재보다 부담금을 더 내거나 나중에 덜 받는 수밖에 없다. 문재인 대통령은 수년 전 이와 같은 보건복지부의 개혁안을 "국민 눈높이에 맞지 않는다"고 퇴짜를 놓았다. 국민연금 개혁은 정부도 국회도, 아무도 쳐다보지 않고 있다. 청년실업 문제를 해결하고 기업 투자 활성화를 위해서는 노동시장의 경직성을 완화해야 한다. 대기업, 공기업의 기존 근로자는 일부 기득권을 양보해야 한다. 막대한 복지지출 비용을 조달하려면 방만한 예산 구조조정이 필요하다. 비효율적인 LH 등 공기업은 통폐합 등 구조조정을 해야 한다. 방만한 공무원 증원은 중단되어야 한다.

책임 있는 사람들이 책임지지 않는 사회

정치인들은 이들 과제의 해결 방안에 대한 비전을 제시해야 하는데 현실은 그렇지 못하다. 개혁을 추진하자고 총대 메는 정치인은 별로 없다. 국가부채는 계속 늘어나는데 이를 억제할 재정준칙은 국회에서 잠자고 있고, 쌀은 남아도는데 쌀 매입을 계속 늘리겠다고 한다. 복지지출 재원대책으로 세출 구조조정을 하겠다고 하면서도 타당성 없는 가덕도 공항을 중단하겠다는 정치인은 없다.

쓴소리하는 정치인을 지지해야

많은 국민이 대통령, 국회의원 등 선출직 공직자들의 무능, 비도덕성을 비판한다. 그런데 그들을 누가 선출했는가? 나라가 발전하려면 잘못된 제도나 관행은 개혁되어야 한다. 개혁은 누군가는 기득권을 포기해야 하는 고통이 수반된다. 미국의 케네디 대통령은 취임사에서 "국가가 국민에게 무엇을 해줄 것을 기대하기에 앞서 내가 국가를 위해 무엇을 할 것인가?"를 생각해야 한다고 말했다. 슈뢰더 전 독일 총리는 사회민주당 출신임에도 노동시장의 유연성, 복지 축소 개혁을 강력히 추진했다. 그 결과 사민당은 정권을 잃었으나 독일 경제는 활성화되었다. 프랑스 마크롱 대통령은 근로자의 강력한 반대에도 불구하고 미래세대를 위해 연금개혁을 추진하였다. 국민에게 쓴소리하는, 용기 있는 정치인이 나와야 한다. 국민은 국가의 미래를 위해 쓴소리하는 정치인을 지지해 주어야 한다. 국민이 깨어있어야 한다.

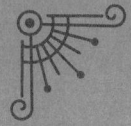

⑨ 사회적 자본을 확충해야

우리나라는 그동안 세계 어느 나라보다도 빠른 경제 성장을 이룩하였다. 그 과정에서 도로, 항만, 철도 등 물적 자본은 많이 축적되었지만, 계층 간 사회적 갈등, 가짜 뉴스, 편가르기, 자살률 세계 1위, 법과 질서 붕괴 등 많은 문제에 직면하고 있다. 이와 같은 현상은 신뢰, 준법정신, 공동체 의식의 결여 등 사회적 자본의 부족에서 비롯된 것이다. 사회적 자본의 결여는 사회적 비용을 증가시키고 경제 성장과 복지 증대를 크게 저해하고 있다. 우리나라가 한 단계 도약하고 국민 생활의 행복도를 높이기 위해서는 무엇보다도 사회적 자본이 확충되어야 한다.

9-1. 거짓말이 난무하는 사회, 사회적 제제 강화해야
9-2. 의원 수갑 채우는 경찰이 한국에는 왜 없나?
9-3. 조기 출퇴근으로 근무시스템 바꾸자

9-1 거짓말이 난무하는 사회, 사회적 제재 강화해야

우리나라는 그동안 도로·항만·철도 등 물적 자본을 많이 축적하였다. 그러나 신뢰, 법과 질서 등 사회적 자본은 매우 부족한 것이 현실이다. 최근 들어 편 가르기 등 사회적 갈등이 심각해진 중요한 원인은 신뢰 부족이다. 공자는 제자 자공의 "식량, 군대, 신뢰 중에서 가장 중요한 것이 무엇이냐?"는 질문에 "신뢰"라고 하였다.

신뢰할 수 없는 사회

프란시스 후쿠야마 교수는 우리나라를 저 신뢰 국가로 분류하였다. 각종 사건이나 사회적 쟁점이 발생할 경우, 신뢰 부족으로 갈등을 해결하는 데 드는 사회적 비용이 매우 크다. 세월호 사건이 대표적인 예이다. 사고 원인, 구조 과정, 조사 과정에서 숱한 유언비어가 난무했다. 9회에 걸친 수사와 조사, 재판까지 끝난 시점에 또 진상 규명이 필요하다고 한다. 그동안의 수사와 조사는 못 믿겠다는 것인가? 이명박 대통령 시절 미국산 쇠고기 수입 파동도 비슷한 예이다. 천안함 침몰, 사드 환경 평가, 최근 후쿠시마 오염수 방출 등 전문가들이 과학적 근거를 제시하며 안전성을 주장하였으나 불신은 계속됐다. 각종 금융 부실 사건도 근본 원인 중의 하나는 분식회계, 허위공시이다. 수년 전 대우조선해양이 분식회계를 통해 대규모 적자를 은폐하면서 구조조정에 엄청난 국민 세금이 들어갔다. 과거 IMF 사태도 대규모 분식회계로 실상을 파악하지 못해서 그 피해가 막대했는데 지금도 분식회계는 근절되지 않고 있다.

국민 불신이 낳은 인감증명제도

규제 완화가 제대로 안 되는 이유 중의 하나도 국민 불신이다. 각종 인허가나 계약 시 인감증명서 제출 등 복잡한 절차의 근본 원인은 국민에 대한 불신에서 비롯된 것이다. 외국에서는 서명만으로 될 일을 우리나라에서는 인감도장을 찍고 인감증명서를 제출하는 경우가 많다. 거짓말하는 사람이 얼마나 많았기에 인감도장 찍고 이 도장이 진짜 도장이라는 정부 발행 증명서까지 첨부토록 한 것일까?

거짓말, 모두를 힘들게 할 뿐

대다수 국민은 거짓말이 남에게는 해를 끼치지만, 나에게는 도움이 될 수도 있다고 생각하는 것 같다. 그러나 실제로는 거짓말이 성행하는 불신사회가 되면 규제만 늘어나고 모든 구성원이 더 고달파진다. 예컨대 미국 워싱턴 D.C.에 어느 국제기관과 제휴를 맺은 골프장이 있었는데 관련 국제기관 직원에게는 그린피를 할인해 주었다고 한다. 그런데 한국인 직원이 그 기관 직원이 아닌 지인을 직원으로 등록하여 할인 혜택을 받은 일이 있었다. 그런 사례가 빈번해지자 할인받으려면 관련 기관 ID 카드를 제시하도록 하였다. 그러자 한국인 직원들은 다른 직원들의 ID 카드를 빌려서 지인들이 할인 혜택을 받을 수 있도록 하였다. 이를 알게 된 골프장 측에서는 한국인 직원들은 일일이 ID 카드를 대조했다고 한다. 결국, 거짓말 효과는 달성하지 못하고 나라 망신만 당한 결과가 되었다. 거짓말은 남을 위해 하지 말아야 하는 것이 아니라 나를 위해 해서는 안 된다는 점을 철저히 교육해야 한다.

우리 사회는 거짓말의 부작용을 과소평가하고 있다.

절도, 뇌물 폭행 등에 비해 가짜 뉴스 유포는 가볍게 생각한다. 그러나 광우병 가짜 뉴스로 얼마나 큰 사회적 혼란이 초래되었는가? 매주 수만 명이 광화문에 몰려나오고 이명박 정부는 정권 초기 국정 운영 동력을 상실하였다. 후쿠시마 오염수 같은 사건이 발생하면 국론 분열이 심각하다. 정부, 언론, 전문가 누구도 신뢰 받지 못하기 때문이다. 전문가를 신뢰하면 해결될 일을 정치적 쟁점으로 만들어 그로 인해 미래를 위한 정책과제 추진이 지체되고 있다. 가짜 뉴스의 폐해는 절도, 폭행, 뇌물죄에 비할 바가 아니다.

거짓말에 대한 처벌 너무 미약

2000년 매출액이 100조 원에 이르렀던 거대 기업 '엔론'은 분식회계로 파산했고 CEO는 수십 년의 징역형을 선고받았다. 담당 회계법인 '아더 앤더슨'도 문을 닫았다. 반면 우리나라는 거짓말에 관대하다. 광우병, 세월호, 천안함, 사드 등 사회적 쟁점의 경우 가짜 뉴스로 국민을 오도한 사람들이 여전히 활보하고 있다. 최근 후쿠시마 오염수 방출 반대 운동을 하는 사람 상당수는 과거 광우병, 천안함, 사드 사태 시 혹세무민하던 사람들이다. 일전에 민주당 김의겸 대변인은 EU 대사와의 대화를 왜곡 보도했고, 대통령, 법무부장관 술자리 회동이란 허위사실을 유포하고도 아무런 책임을 지지 않고 있다. 광우병으로 그렇게 위험하다던 미국산 쇠고기를 현재 우리나라가 세계에서 가장 수입을 많이 하고 있다. 성주 참외는 매출액이 과거보다 늘었다고 한다.

그런데 그와 같은 허위사실을 상습적으로 유포한 사람들은 아무런 처벌도 안 받을 뿐만 아니라 많은 국민이 여전히 그들을 따르고 있다. 숱하게 거짓말하는 정치인, 사이비 시민운동가들이 출세하고 유튜브로 돈 버는 세상에 거짓말이 없어지겠는가?

학교 시험 커닝부터 분식회계, 허위보고 등 거짓말에 대한 사회적 처벌을 대폭 강화해야 한다. 특히 사회적 혼란을 크게 초래하는 가짜 뉴스 유포에 대해서는 가중 처벌해야 한다.

9-2 의원 수갑 채우는 경찰이 한국에는 왜 없나?

경제 활성화가 국가적 과제다. 기업 투자가 왕성하려면 예측 가능성이 있고 불필요한 사회적 비용이 없어야 한다. 이를 위해서는 법과 질서부터 확립해야 한다.

대한민국 공권력의 수모사

일전에 울산 현대자동차에서 비정규직 근로자의 정규직화를 요구하는 대규모 시위가 있었다. 공장 진입을 시도하던 시위대와 이를 저지하는 회사 간에 물리적 충돌이 벌어졌다. 시위대는 미리 준비한 죽봉과 쇠파이프를 휘두르고 공장 펜스를 부수기까지 했다. 충돌로 수십 명이 다쳤다. 경찰은 당시 현장에 있었다. 경찰이 보는 앞에서 폭력이 난무했다. 시위대는 경찰을 의식하지 않고 경찰은 시위대의 위세에 눌려 제대로 막지 못했다. 과거 내란 혐의를 받은 통합진보당 이석기 의원 수사를 위해 국가정보원 직원들이 의원 사무실을 압수 수색하려 했다. 이를 거부하는 이 의원 보좌관들과 장시간 대치 끝에 협상을 통해 일부 서류를 압수했다. 압수 수색 범위도 협상해서 결정하는 것인가? 공권력이 수모를 당하는 일은 숱하게 많다. **경찰 지구대에서 술에 취한 시민이 경찰관을 폭행하고 기물을 부수는 일은 흔히 보는 모습이다**.

외국은 어떤가?

　수년 전 찰스 랭걸 미국 하원의원이 워싱턴 국회의사당 앞에서 이민법 개정 촉구 시위를 벌이다 도로 불법 점거 혐의로 손을 뒤로 묶인 채 경찰에 연행되는 모습이 보도됐다. 이럴 경우, 한국에서는 경찰청장이 국회에 불려 나와 사과하고 관련자는 문책을 당했을 것이다. 뉴욕 경찰은 한 호텔에서 종업원을 성추행했다는 신고를 받고 당시 IMF 총재였던 도미니크 스트로스칸을 비행기 안에서 체포했다. 과연 우리나라 경찰은 혐의 입증이 안 된 세계적 거물을 신고만으로 체포할 수 있을까?

대한민국 공권력은 왜 무시당하나?

　경찰은 공권력의 상징이다. 왜 우리나라 경찰은 권위가 없을까? 역사적인 이유가 있다. 과거 일제강점기 순사는 한국 국민 입장에서는 타도의 대상이었다. 독립 운동가를 잡아 고문하고 강제로 징용자를 모으는 일본 식민 통치의 앞잡이가 그들이었다. 당시 경찰서를 습격하고 순사를 죽인 사람은 오늘날 독립유공자가 됐다. 광복 후에도 이와 같은 이미지는 크게 나아지지 않았다. 이승만 대통령 시절, 공산주의자 처벌을 명목으로 일제강점기에 악명을 떨쳤던 순사 상당수를 경찰 간부로 채용됐다. 각종 부정선거 등에 경찰이 동원되는 사례도 많았다. 그 후 박정희, 전두환 대통령 시절에도 정부의 정통성에 대한 시비가 제기될 때마다 경찰이 시위 진압 등에 동원되면서 정권의 앞잡이로 인식됐다. 이 같은 역사적 배경 속에서 공권력을 무시하는 인식이 형성됐다. 그러나 오늘날 정부는 일본 제국이나 군사독재 정부가 아니다. 민주적인 절차에 의해 선출된 국민의 정부이다. 민주 정부의 공권력은 공무집행의 당연한 의무와 권한이 있다. **권위주의는 없어져야 하지만 공권력의 권위는 바로 서야 한다.**

공권력 위에 선 국민 정서법과 떼법

법과 질서가 지켜지지 않는 상황에서는 활발한 기업 활동이 일어날 수 없다. 현재는 기업의 강성 노조가 불법적으로 공장을 점거하고 생산 활동을 정지시켜도 이를 제지할 수 없다. 기업이 불법으로 공장을 점거한 사람을 처벌할 것을 요청해도 경찰은 법 집행을 꺼린다. 법 집행 과정에서 근로자와 충돌하여 부상자가 나오면 과잉 진압이라 비난받고 자칫하면 목까지 달아나기 때문이다. 어느 경찰 간부는 시위 진압 시 "시위자가 부상하면 처벌받을 수 있으니 맞더라도 참아라."라고 했다고 한다. 우리나라에서는 헌법 위에 국민 정서법이 있다고 한다. 공권력이 불법적인 요구를 해결 못 하니 일일이 사적으로 해결하는 데 엄청난 비용과 시간이 소요된다. 또 불법이더라도 떼를 쓰면 이익을 얻게 된다고 생각하고 무조건 시비부터 거는 사회 풍토가 조성되었다. 공기업에서의 신임 사장 출근 저지 행태가 그 예이다. 한국개발연구원에 따르면 우리나라 법과 질서가 OECD 수준으로 유지되면 경제 성장률도 1% 높아질 것이라고 한다.

공권력이 바로 선 선진사회를 향하여

이제부터 법 집행이 엄해져야 한다. 앞으로 정당한 공무집행을 방해하는 사람은 지위 고하를 막론하고 엄중히 처벌해야 한다. 모든 사람이 법 앞에 평등해야 한다. 법이 있는 자에게 관대하고 없는 자에게 가혹하다는 인식이 있는 한 공권력은 신뢰받지 못한다. 법과 질서, 근본이 바로 서야 경제도 활성화되고 선진사회가 된다.

9-3 조기 출퇴근으로 근무시스템 바꾸자

사회의 효율성은 근무시스템과 밀접히 관련되어 있다. 코로나-19 등의 영향으로 최근 재택근무가 늘어나고 출퇴근 시간도 신축적으로 운영하는 등 근무 제도가 많이 바뀌었다. 그러나 여전히 정부나 회사는 대부분 09시 출근, 18시 퇴근 형태로 일한다. 현재의 시스템 상 여유시간은 근무시간 전후로 분산된다. 아침 시간을 효율적으로 사용하는 사람들도 일부 있지만, 대부분 아침 시간을 제대로 활용하지 못한다. 퇴근 후에는 생리적으로 배가 고플 때가 되어 저녁 식사 약속을 하거나 술 한잔하고 싶은 유혹을 받게 된다.

8시 출근, 5시 퇴근으로 출퇴근 시간을 1시간만 당기면 돈 한 푼 안 들이고 사회 전체의 효율성과 생활의 질을 높일 수 있다고 생각한다.

조기 출퇴근 시스템의 장점

첫째, 자기발전을 위한 평생교육 기회가 늘어난다. 우리 사회는 이미 고임금 사회가 되었다. 세계화, 정보화로 국경 없는 무한 경쟁 사회가 되었고 평균 수명도 길어졌다. 이제 단순 노동 집약적인 산업으로는 살아갈 수 없고 지식 집약적 산업을 육성해야 한다. 이를 위해서는 모든 국민이 평생 재교육을 받을 수 있는 사회적 여건이 조성되어야 한다. 조기 출퇴근을 실시하면 아침 시간은 현재보다 바빠지겠지만 퇴근 시간 이후에는 여유시간이 많아져서 이를 자기계발 시간으로 활용할 수 있다. 실제로 87~88 기간 올림픽 게임을 대비하여 서머타임을 실시하였을 때 외국어 학원, 컴퓨터 학원, 수영장, 테니스장의 매출이 늘어났다고 한다.

둘째, 생활의 질이 증진된다. 우리나라는 과도한 음주로 인한 경제적 손실이 크다. 조기 출퇴근은 음주를 줄이는 데 효과적이다. 아침 8시에 출근해야 하므로 늦게까지 술을 마시기가 어려워진다. 여름철 오후 5시에 퇴근하면 대낮이라 술을 마시기가 어색하다. 실제 과거 서머타임 때 술집 매출액이 줄었다. 대부분 직장이 8시에 출근하는 독일의 경우 밤늦게까지 술 먹는 문화가 없다. 조기 출퇴근은 청소년 문제 해결과 가정 화목에도 도움이 된다. 일찍 퇴근하면 가족과 보내는 시간이 늘어나고 자연스럽게 대화의 시간도 늘어날 것이다.

셋째, 서비스산업이 발전할 수 있다. 각종 여가활동은 서비스산업과 직결되어 있다. 조기 출퇴근은 퇴근 후 여가시간을 증가시켜 영화, 음악 등 문화생활과 스포츠 활동 활성화에 기여하게 된다. 최근 국내 영화·연극·음악, 스포츠산업의 발달도 주 5일제의 영향이라고 볼 수 있다.

넷째, 퇴근 시간이 분산되므로 교통체증이 완화되고 야간 통행이 줄어들어 **교통사고 및 각종 범죄도 줄어든다.** 과거 서머타임 시 교통사고는 0.3%~0.5%, 범죄는 2.3%~3.1% 감소하였다.

다섯째, 에너지 절감에도 크게 기여할 것이다. 각종 연구에 의하면 서머타임을 실시할 경우 야간근무가 줄어서 막대한 에너지 절감 효과가 예상된다.

조기 출퇴근 시스템 정착을 위한 과제

서머타임을 도입하면 1년에 절반을 조기 출퇴근하는 셈이다. 그러나 생활 리듬이 깨지는 문제가 있으므로 연중 조기 출퇴근 시스템을 도입하는 것이 낫다고 본다. 서머타임은 OECD 38개국 중 일본과 한국, 그리고 지리적 특성상 서머타임이 어려운 아이슬란드를 제외한 모든 나라가 실시하고 있다. 조기 출퇴근 시스템 도입에는 보완되어야 할 과제도 많다. 노동계는 퇴근 시간이 지켜지지 않아 근로시간이 늘어날 것을 우려한다. 과거보다 정시 출퇴근 관행이 확산돼서 여건이 나아졌다고 보지만, 일부에서는 아직도 안 되는 경우가 있어서 경영계의 협조가 필요하다.

출근 시간의 교통 혼잡 대책도 필요하다.

근무시스템 개혁은 국민 생활과 직결되어 있으므로 국민적 공감대 형성이 필요하다. 대부분의 선진국이 서머타임을 실시하는 것을 타산지석으로 삼아 우리나라도 근무시스템을 조기 출퇴근으로 개혁할 시기라고 생각한다. 최근 코로나-19 이후 원격근무가 늘어나고 있다. 또 기업이나 직종에 따라 출퇴근 시간을 신축적으로 정하는 등 다양한 근무 형태가 시행되고 있다. 차제에 IT 기술의 발달, 노동시장의 변화에 맞추어 근무시간 제도를 본격적으로 논의할 필요가 있다.

국가 시스템 개혁

인쇄일 | 2024년 1월 11일
발행일 | 2024년 1월 23일

지은이 | 최종찬
펴낸이 | 우지형
진 행 | 곽동언
디자인 | 젬

인 쇄 | 하정문화사
제 본 | 영글문화사
후가공 | 금성엘에스엠

펴낸곳 | 나무한그루
주 소 | 경기도 김포시 월곶면 애기봉로 456번길 64-43
전 화 | 031-986-9028 **팩스** | 031-986-9038
E-mail | namuhanguru@empal.com
출판등록 | 제313-2004-000156호

ISBN 978-89-91824-71-3 03320

값 15,000원